JN253633

小学館文庫プレジデントセレクト

立川談志を聴け

山本益博

小学館

立川談志はこんな素敵な落語家だった──。

立川談志を聴け　［目次］

◆まえがきにかえて

幻の志ん朝・談志二人会

昭和五十一年（一九七六年）三月七日、新宿・厚生年金小ホールでニッポン放送主催の「志ん生・文楽を偲《しの》ぶ会」が開かれた。高座は、実質上、古今亭志ん朝と立川談志の二人会で、二人の対談までプログラムに組み込まれていた。その対談、談志師匠が「志ん生・文楽」の芸風の違いをかいつまんでしゃべりながら、志ん朝師匠に迫り、煽《あお》って「芸談」を仕掛けたのだが、志ん朝師匠が当たり障《さわ》りのないことで談志師匠のツッコミをかわしてしまって、この対談は不発に終わってしまった。

そうして、これ以降、志ん朝・談志の二人会は、誰もが待ち望みながら、結局、開かれずじまいになってしまったのだった。

平成の時代になって、誰しもが認める落語界の両雄は志ん朝、談志の二人で、志ん朝は完璧主義者の、談志は天才肌の落語家で芸風、高座のスタイルがまるで正反対と言ってよいほどに違った。

たとえば、志ん朝の高座は、楽屋で準備万端、高座の座布団に座るなり、噺のまくらもそこそこに本題に入り、すぐさまトップスピードでスイングするように噺を運んでゆく。それに比べて、談志の高座は、座布団に座ってからエンジンをかけるといった具合で、その日、そのときの客席の状態が大きく左右する。うまくエンジンがかかった高座は忘れ難いほどの名演となるのだが、エンジンがかかってもトップスピードに乗らないことが多く、高座の出来不出来が激しい。つまり、芸風としては志ん朝は文楽タイプで、談志は志ん生タイプだった。

両雄並び立たずというが、平成の落語ファンにとっては、「志ん朝・談志二人会」は夢の落語会といってよかった。私もそのひとりで、頭の中で夢の企画が次第に動き出した。それまでに「文楽プレイバック」と「志ん生プレイバック」という落語会を「東京かわら版」主催で私が企画・構成という形で開いてきた。当時は、文楽が元気なうちというか、存命中は「明烏《あけがらす》」「船徳《ふなとく》」といった得意ネタ、〈十八番《おはこ》〉は、他の落語家が高座にかけるのは禁じ手だった。そういう不文律があった時代だから、文楽が亡くなると誰もが「明烏」「船徳」を高座にかけはじめた。それで、文楽・志ん生という昭和の落語の黄金時代を築いたふたりの名人の〈十八番〉を次の世代の落語家がどうやって継承し、落語界の財産として残してゆくかをテーマにした落語会を開きたかったのだ。「文楽プレイバック」の落語会で、私が志ん朝師匠にお願いしたのは「愛宕山《あたごやま》」で、このときの高座は、千石の「三百人劇場」で開かれていた「志ん朝独演会」での「愛宕山」に勝るとも劣らない素晴らしい出来栄えだったことを、いまでも鮮明に覚えている。

落語会は何よりテーマが大切と考える私のアイデアは次のようなものだった。「志ん朝・談志二人会」は初日、楽日の二日連続公演とする。それも、一日一席ずつ。たとえば、それぞれの弟子たちが前の高座をつとめた後、初日は、志ん朝「富久《とみきゅう》」、中入り後、談志「文七元結《ぶんしちもっとい》」、楽日は、談志「富久」、中入り後、志ん朝「文七元結」というもので、対談などというものは一切なしという「二人会」だった。

つまり、この二日間のふたりの高座を聴けば、落語とは何かがほとんどすべてわかる仕掛けになっている落語会なのである。ご存知のように、落語は同じ噺でも演者によって随分と違ってくる。それは、ストーリーは変わらずとも、芝居でいう脚本、演出は落語家にすべて委ねられていて、自由にしゃべり、演じていいのだ。そこへ、その落語家ならではのくすぐり（ギャグ）が効果的に入っていると、いつしかその落語家の持ちネタ、得意ネタになってゆく。

「富久」「文七元結」とも、ふたりの〈十八番〉なのだが、しかし、その落語のスタイルは全くといってよいほどに違う。噺のドラマを、志ん朝は「写実的」に、談志は「現実的」に組み立ててゆく。志ん朝は「富久」では幇間《たいこもち》久蔵の職業柄の楽天ぶりと悲哀を、一晩のうちに火事のかけもちという異常事態のドラマの中で、伝統の話芸に演劇的要素をふんだんに取り入れ見事だったし、談志の「富久」は、人間久蔵の幇間《ほうかん》人生を垣間見せながら、「富くじ」の場面に噺をフォーカスして、宝くじでは誰にでも起こり得る喜怒哀楽を、まことにリアルに演じてみせた。「文七元結」もその基本のスタイルはふたりとも変わらない。

この「二人会」を、できれば、平成十二年（二〇〇〇年）の年末までに開くこと、それも歌舞伎座のような大劇場ではなく、小さな芝居小屋、たとえば「紀伊國屋寄席」を定期的に公演している新宿の「紀伊國屋ホール」のような三〇〇人程度の客席の小ホールが理想だった。

二〇〇〇年の年末というのは、二十一世紀の落語界を展望するのにふさわしい時期と思い、年末というのは「富久」「文七元結」ともに年の暮れが舞台だからであった。

志ん朝師匠への交渉は、俳優の中尾彬さんに委ね、私は企画内容は胸に秘めたまま、談志師匠に「二人会」の提案をした。当然、私の前にもこの企画を持ち込んだ人は大勢いたらしいが、師匠は私に「二人会」の唯一の条件として出してきたのが「志ん朝よりギャラが一円高いこと」だった。

落語界では一日でも早く「真打《しんうち》」になった落語家が先輩、兄さんで、談志は志ん朝より早くに柳家小さん師匠のもとに入門したのだが、「真打」に昇進したのは志ん朝が先だった。実力はもちろんあったが、古今亭志ん生の次男坊という親の七光りという陰口も叩かれた。年功序列が厳しい落語界にあって、志ん朝の真打昇進は異例の出世というわけでもあった。プライドの高い談志師匠が「二人会」に出した唯一の注文が「志ん朝よりギャラが一円高いこと」というのは、そういった事情が絡んでのことだった。

ギャラを一円高くすることはなんでもないことだが、この場合はそうもいかない。同額にしなくては、志ん朝師匠が納得しないのは当然である。この提案を受けたときは「二人会」はもはや不可能かと思われたが、妙案が浮かんだ。二日間興行だから、初日にトリ（最後の高座）をつとめた談志師匠が一円高く、楽日にトリに上がった志ん朝師匠が一円高くと、二日間で双方に一円ずつ高いギャラを払えばいいのだ。これなら、談志師匠のプライドを傷つけなくて済み、気持よく高座に上がってもらえると、我ながら妙案と考えたのだった。

だが、残念なことにいろいろな思惑が絡み、しだいに志ん朝師匠が体調を崩していって、結局初日「談志・志ん朝二人会」、楽日「志ん朝・談志二人会」の二日間興行は実現に至らなかった。この二日間の高座を聴けば、未来の落語を展望しながら、「落語」の魅力とは何かがすべてわかる落語会になっていたのではないかしらん。

合掌。

［第一章］

誰よりも何よりも落語を愛す

1

昭和六十年（一九八五年）を境に、わたしはそれまで二十年以上にわたって楽しんできた落語を、プッツリと聴かなくなってしまった。落語とは一生縁が続くと思いつつ、それまでドップリと漬かっていた世界からしばらく抜け出してみたいと思ったのである。「花王名人劇場」というテレビの娯楽番組から手を引いたのも、そのキッカケのひとつとなったが、六十年代に入ってからの落語の衰退ぶりは激しかった。

古今亭志ん生《ここんていしんしょう》が第一線を退いたあと、落語は昭和四十年代に入ると〝ホール落語〟の花盛りとなった。古参格は、東横落語会、東京落語会、それに三越落語会、これらに落語研究会、紀伊國屋寄席などが加わり、定席の寄席を圧倒していった。寄席と違ってホール落語では、真打格の落語家が少なくとも五人は登場し、まえもって演《だ》し物を発表して、高座で競いあった。わたしは、このホール落語の恩恵にあずかった観客のひとりで、桂文楽《かつらぶんらく》、三遊亭圓生《さんゆうていえんしょう》、林家正蔵《はやしやしょうぞう》（のちの彦六）、柳家小さん《やなぎやこさん》、金原亭馬生《きんげんていばしょう》などの高座を堪能した。しかし、それでも戦後の落語史から見れば、黄金期は昭和三十年代で、四十年代はその輝きにわずかに及ばない。

わたしが、立川談志の落語をはじめて聴いたのは、昭和四十二、三年のことだったと思う。特に印象に残っているのは「大工調《だいくしら》べ」で、立て板に水の如くの歯切れのよい口調と、なにより主人公与太郎の、冷めた眼、それに昔噺の吉四六《きっちょむ》さんやイタリア古典演劇の道化アルレッキーノの機知を思わせる台詞《せりふ》ぶりが新鮮だった。そう、それから「天災」の、無頼派の八五郎の徹底した無知ぶりもよかった。

ただ、談志を追いかけるようにして聴くようになったのは、昭和五十年代に入ってからで、彼が六年間の参議院議員をつとめ上げた頃からだった。

この当時聞いた噺で印象深いのは、「黄金餅《こがねもち》」と「富久《とみきゅう》」である。

「黄金餅」は、浅草の浪曲の定席「木馬亭」で聴いたものだった。下谷の山崎町という貧民窟の長屋が舞台。西念といういしみったれ坊主が、貯めこんだ一分金や二分銀を餅にくるんで飲みこむうちに息絶えたその様子を、隣りに住む金兵衛という男が覗き見していて、その金欲しさに、死んだ西念を麻布の寺まで運び出す。焼き場で黒焦げになった西念の腹から金を奪いとった金兵衛は、この金でもって目黒に餅屋を開き、たいそう繁昌したという一席である。勧善懲悪でないところは落語ならではだが、噺は凄惨きわまりない。それを見事な一席にまとめ上げたのは古今亭志ん生で、彼の十八番《おはこ》だった。

談志は、西念の生焼けの腹から金をえぐり出し、灰をかきわけながら、その金をすばやく両方のたもとへしまいこむしぐさに、金兵衛のすさまじいまでの金への執着を見せた。そうして、「江戸の名物黄金餅の由来という一席であります」といって頭を下げた。ふつうは誰でも落語家は〝サゲ〟を言ったあとはそのまま楽屋へ下がるものなのだが、談志は、再び顔を上げ「志ん生ならもっとうまく演るんだけどな」と、照れとも言い訳ともつかない言葉をひとこと言って高座を下りた。

「富久」は東宝名人会で聴いた。「富久」は志ん生も得意にしていたが、桂文楽の十八番といわれた。文楽は「富久」を高座にかけると、いつも三十分近くの熱演だった。それを談志は、このとき、噺の前半を大胆にカットし、噺のまくらを入れても十五分足らずの高座だった。談志の「富久」は、主人公である幇間《たいこもち》の久蔵の道化ぶりにはほとんど興味を示さぬ演出で、久蔵が火事で駆けつけた旦那の家で、火事見舞に訪れる客たちの応対をするシークエンスなどは省かれていた。ところが、同じ晩、今度は自分の家が焼けてしまって一文なしになった久蔵が、後日富くじで千両富を当てたところから、がぜん久蔵の人間味が噴き出してきて面白かった。いわゆる名人たちの写実芸とは違った、生々しいほどのリアリズムがあった。

落語という話芸はまくら（噺の頭につくところからそう呼ばれる）から始まるが、談志のまくらはいつでもユニークで、切れ味鋭く、時事ネタの諧謔《かいぎゃく》は絶妙だった。これはいまでも変わらない。ところが、その開口一番のまくらの台詞が〝生意気〟に映って、気に入らないという客も多かった。これもいまだに変わらない。

「ようこそ『東宝名人会』へ、いろいろお遊びどころあるなかを……、楽屋一同になりかわりまして厚く御ン礼申し上げます。……近頃ァ、平気で嘘をつけるようになった。（参議院議員だった）六年間の後遺症がまだ残ってる」

「圓生を最近聴いたけど、やっぱり巧《うま》いね。ほんとおれ、圓生巧いと思う」

「（木村）重松、巧かったな。あの明治の匂いってのが、どうやったってかなわねェんだ。重松よりおれのが巧いかもしれねェが、あの匂いだけはだせねェ」

「今日は出来るだけヘタにやってみようと思う。それでも三平や円鏡には負けないけどね……」

「これ、テレビの録画どりするそうだけど、こないだ、『短命』演《や》ったら、ディレクターが、放送出来ませんていいやがって……、まぁ、おれもめちゃくちゃに演ってみたんだけどね。そのうち、落語は寄席でしか聴けなくなるよ」

愚痴や言い訳に聴こえるものも確かにあるが、そのほとんどは談志流の諧謔と、東京人独特の、知性の裏返しの表現による照れのように、わたしには思えた。

それを理解できぬ客を、談志は高座の上から揶揄《やゆ》した。

「東宝名人会」のトリに上がったときだった。まくらで、志ん生、文楽の思い出をしゃべりはじめた。

「志ん生師匠と将棋を指してて『おい、どうして、そこォ待てねェんだい』って言われたとき、文楽師匠に『おまえ、あたしの代わりに人形町（末広）ハネといで』と言われ、それなりにお客様から拍手をいただいたときは、落語家になってよかったなァと、思ったもんです」

すると、客席から、

「談志ァ、落語演ったためしがねェんだ、こっちは噺を聴きにきてるんだから……」

とヤジが飛んだ。

すぐに談志がやり返した。

「これがおれの落語なんだよ。つまり、あんたとイメージが違うわけだ。こっちがしゃべってるとき、人の形式に入ってくるんじゃないの。これでも二十数年やってんだから……」

と言ったあと、

「……ありゃあ、おれのおじさんじゃねぇか、とすると、タダで入ってきてんな」

と、からかった。

とたんに、ブツブツ言ってた客は黙り込み、客席はしーんとなった。こういった場面はしばしばあって、談志はたいてい高座を投げてしまうのに、なぜかこのときは違って田舎者《もん》で飯炊きの勢蔵が活躍する「木乃伊取《みいらとり》り」を熱演した。ヤンヤの喝采《かっさい》を浴びながら、談志は高座を下りる際、ヤジを飛ばした方を向き、〝へェ、どんなもんでェ！〟といった感じで舌を出し、おどけてみせた。

「池袋演芸場」は常打ちの寄席だが、談志がトリに上がると、十日間通いつめるファンが大勢いて、談志をじっくり聴くのならここが一番だった。しかし、連日興行の寄席だから、常連客に混じってフリの客も多かった。

夜八時半、談志が前かがみのいつもの格好で、扇子をパチパチやりながら、客席を見渡すようにして登場した。

開口一番。

「昼寝してノド痛めちゃって……、昼まで寝てられるから噺家になったんで、夜仕事出来るのは、噺家か泥棒だけど、泥棒なるわけにゆかないんで……、泥棒が言ってたって『おまえは罪の意識が欠けてる』って……。

たとえば、女ンとこで昼すぎまで寝てて、夜、客席に上がって『談志ァ、巧いねェ、もうこれほどの噺家は出ねんじゃねェか』って言われりゃ、これほど」

と言いかけたところで、客席のどこかから、

「誰も言いやしねェよ」の声がかかった。

談志が即座に言い返した。

「言うわけねェという前提で言ってるのに、そのシャレがわかんない客がいる」

ここで「野ざらし！」と声が飛んだ。

「『野ざらし』ねェ。ずいぶん演ってない。人形町の末広で演ったとき、前半、柳枝《りゅうし》、後半を柳好《りゅうこう》で演ったら客にうけてね、喜んでた」

とまで言って、

「品川の新宿《しんしゅく》に白木屋という……」

とさり気なく「品川心中」へ入っていった。貸本屋の金蔵に無理心中を迫る白木屋の女郎お染の、「金ちゃんに、いちばんわがままが言いたかったの。ずいぶん、つらいことばかりしたけど、金ちゃん、ごめんね」という台詞に、現代のドライな女性像が重なり、志ん生や圓生の「品川心中」とは違った魅力がうかがえた。

栈橋の突端で、お染は心中すると見せかけ、金蔵を海へ突き落とす件《くだ》りで、お染が続いて飛び込むのをやめると、圓生は「しどい奴があったもんで」とストーリーテラ

ーである噺家の立場の台詞を言ったものだが、談志はここでは「野郎（お染）、死ぬ気もなんにもないんだ。話の都合でそうなっただけなんだ」と、同じ噺家の地口に戻りながらも、金蔵を哀れみながら、お染の女の怖さを強調した。そして、死にそこなって遠浅の海から這い上がった金蔵が、そのずぶ濡れの姿で親分の家へ向かい、暗闇の中から金蔵が顔をあらわす格好を見せると、客席から拍手がおこった。

「黄金餅」も「木乃伊取り」も「品川心中」も、談志の演出では〝人間の性根というのは、善意とか正義とか良心では済まされないものがある〟と言いたげであった。だが、落語は〝笑い〟をとる落とし噺である。これは、客をつねにご機嫌にさせた文楽、現在でいえば古今亭志ん朝《ここんていしんちょう》の芸質と明らかに違う。文楽は、高座ではついぞ本音を言わなかったし、志ん朝も決して下心をさとられまいと工夫を凝らすが、談志は、善人ぶるのをよしとせず、敢えて偽悪者の立場を装う。だが、談志の「居残り佐平次《いのこりさへいじ》」や「付き馬《つきうま》」などサギ師的主人公の噺は、正直言って志ん朝ほど面白くない。それより、常識人の意表をつく「大工調べ」などの与太郎もの、人間の本音を突く「権助提灯《ごんすけぢょうちん》」などの権助もののほうがはるかに優れている。

その最たる例が、昭和五十二年十二月の「紀伊國屋精鋭落語会」にかけた「文七元結《ぶんしちもっとい》」だった。

高座に上がるなり、開口一番、満員の客席に向かって言った。

「池袋にも来て欲しいなァ」

客の入りのよくない池袋演芸場で、それでも自分は力を入れて演ってます、という、と、またまた客席からヤジが飛んだ。どうやら、酔客のようで、幕開きから波乱含みだった。談志は、そのヤジを無視するかのように、しゃべり続けた。

「人情噺出来なきゃ、真打とはいえねェなんていうけど、あんなもの誰だって出来るゝ。人情噺、あたくしあまり好きじゃない」

これから人情噺をしゃべるというのに、そういうことを言う。本音なのだろうが、客には高座が不出来だった場合の牽制にしか聞こえない。

エンジンがかかるまで時間がかかり、ようやく三遊亭圓朝《さんゆうていえんちょう》作「文七元結」の由来や解題をしゃべりながら、本題へ入っていった。

ここからは、客席をグイグイと引っ張って、特に登場人物の心理描写に、いままでにない冴えを見せた。わたしは、聴き終えても金縛りにあったようにしばらくは動けず、口もきけなかった。そして、数日後、当時朝日新聞の夕刊に連載していた「寄席だより」に、その評を書いた。

……志ん朝の人情噺が話芸の魅力なら、立川談志のそれは人間の内的ドラマの表現にたけていることにあるといえるだろう。

談志の「文七元結」（十二月一日、紀伊國屋精鋭落語会）は、左官の長兵衛が娘をかたに借りてきたばかりの五十両を、奇しくも五十両をなくしたために吾妻橋のうえから身投げをしようとした見ず知らずの商人の手代文七にそっくりそのまま与えるくだりにヤマをおく。

したがって、登場人物の職業柄、階級差などを描きわけることより、緊迫した状況での人間の感情、心理をいかに表現するかにすべてはかかってくる。

吾妻橋のうえで長兵衛は文七の眼を見すえながら、懐になんども手を往復させ、そのすばやさがしだいに増していく。長兵衛の動揺を鎮めるすべはこの場におよんでなにもなく「おれはだらしがねえ、メチャクチャなんだ」と、つぶやく言葉にも脈絡が通らない。

すでに八方ふさがりの長兵衛に残された手はひとつ、見切りをつけて文七に金をやりこの場を逃げだすことしかない。

鼻息の荒さが頂点に達すると、長兵衛は文七に金を投げつけて、師走の風が吹きすさぶ闇のなかに消えていった。

談志のこの場の演出には、長兵衛の〈美談〉として描くすがすがしさはない。

また、長兵衛が吉原「佐野槌《さのづち》」の女将から金を借りる際、娘のお久から「おっかさんと仲よくしておくれよ」とさとされるくだりをはぶいたことからも、談志は人情噺で〈涙〉に訴える意図がさらにないことが理解できるだろう。

この独創的な人情噺を聴くと、いままでほとんどの噺家が、人情噺で写実という手法をとりながら、しかし、〈実〉をオブラートで包んだり、フィルターで漉《こ》したりしてきたのではなかったか、という疑問がわいてくる。

つまり、あくまで〈品〉よく処理することが〈芸〉であったのだ。

だが、談志は登場人物のリアリティーを描きだすために、たとえ〈品〉を犠牲にしても、そうした操作には腐心しない。

それでなくして、どうして〈実〉に迫れよう。

談志は、いわば風化しかけた〈芸〉を高座でいまいちど問い直している。

この評を読んだ浪曲研究家で演芸評論家でもある芝清之《しばきよし》さんが、談志さんを紹介してあげるから会ってみませんか、と声をかけてくれた。そして、どこだったか独演会の行われている会場へ出かけ、終演後、楽屋を訪れてはじめて談志師匠に挨拶をした。

すると、師匠は高座着から洋服に着替えを終えていたが、正座して畳に頭をすりつけるように丁寧なお辞儀を返した。律儀なほどの挨拶から、高座ではとても見ることのできないような大人の優しさを感じた。わたしは、このとき以来、いっぺんに談志ファンになってしまった。そうして、昭和五十八年、落語協会の閉鎖的体質を批判して脱会、立川流を結成するまで、熱心に聴いてまわったが、落語界の勢いがしだいになくなっていくのに合わせるように、落語家への興味が失せていった。

2

それがまた久しぶりに落語が聴きたくなった。それも、立川談志の落語が、である。一冊の本がキッカケだった。本屋で『談志楽屋噺』という文庫本を見つけ、旅先ででも読んでみようと買いこんだ。ヨーロッパを旅した折に、その文庫本をひろげると、懐かしい名前が次から次へと出てきて、もうたまらない、無性に談志の落語が聴きたくなった。

この本の中に、〝惚れるだけ惚れまくった芸人〟として、アダチ龍光《りゅうこう》が登場する。

「手品の話をしましょうか。手品の話というより、奇術界の雄《ゆう》であると同時に、寄席演芸の最高の芸人であり、私の感覚で名人といえる数少ない寄席芸人の一人が、アダチ龍光です。

技芸もさることながら、社会現象に対するリアクションのセンス、それを喋る話芸のすべてが、私の趣味にぴったりで、『ああなりたいな』という憧れの芸人で、惚れるだけ惚れまくった。

龍光先生が、私のヒザ替りを務めてくれただけで、私は落語家になった価値があった。ヒザ替りというのは主任《とり》の前に上がる色物の芸人のことを指す。

実をいうと、手品師としては、あんまりうまいとは思えない部分もあって、どうも不器用な感じがした。だけど、話術、スタイル、センスなど、全体をひっくるめたアダチ龍光の芸というものは、私なんざァまったく及びもつかない。いや不器用に私に感じさせたのも芸の深さかも知れない、きっとそうだ……『巧《こう》は拙《せつ》を蔵《ぞう》する』ものだ。

いつも黒のタキシードでチョビ髭《ひげ》はやしていて、イギリス紳士、それもイギリスの田舎の紳士……という感じだった」

「引退して数年たった或る日、先生宅に伺って、いろいろ話を聴いたアト、

『先生、洒落に寄席に出て下さいョ……。送り迎えはします。今更というでしょう

が、出てくれればいい。アダチ龍光の姿をみられるだけで満足ってファンが多くいますョー』

『嫌だよ』

『受けますョォ。責任もちますョ』と、とにかく説得した。

『どこへ出るんだい。一日でいいのか』

『いつでもいいです。何時でも結構。私のトリの時に、気が向いた時間でいいですよ』

『とりあえず、どこに出るんだ』

『池袋演芸場』

『東宝名人会なら出るわナ』

その頃、池袋演芸場というのはイメージが悪かった。

『先生ネェ、いまの池袋演芸場は違います。生意気なようだが、私のファンで一杯だ。そのファンはアダチ龍光を尊敬している。池袋に出るべきですョ、先生』

『そうかい』って、わりとアッサリの龍光先生、この辺も好きだった」

じつは、この時、わたしは談志師匠と一緒だった。談志さんが懸命に口説いているのを横でじっと聞いていたことを、読みながら、つい昨日のことのように思い出していた。

「私のトリ席である、池袋演芸場の天井の低い、高座も低く汚い寄席の中入り後に私がセーター姿で出た。

『どうしたの、早上がりかい、それにしても普段着で……』というお客。

池袋にその頃、私のときは常連しかこないといってもいいくらいだった。

『アノネ、もし、ここへアダチ龍光を出したら、どうする……』

これを書いていて、今も涙が出そうになる。

昔のミュージカル映画をみた後の涙と同種だ。常連、キョトンとしたネ。

『見せてあげるヨ、アダチ龍光を――』

龍光先生のおなじみの出囃子《でばやし》が鳴った。タキシードの、あのまんまの、同じ顔をした、名人アダチ龍光の姿があった。練馬の在は東久留米の八十歳の老人、中川一《はじめ》さんではなかった、アダチ龍光以外の何ものでもなかった。

龍光先生が、かがむようないつもの姿で池袋の高座に出てきた。客席からは奇跡が起きたようなどよめきが起きた。高座で迎えた私は不覚にも涙がこぼれた。勿論お客には見せない。胸がキューンとしめつけられた。

龍光先生、何の気負いもなく、嬉しそうに舞台をつとめ、満員の大拍手の内に高座を終えた」

当然、わたしもこの場に居た。いや、アダチ龍光先生を迎えに出かけたのは、わたしだった。談志さんが敬愛してやまなかった明治生まれの寄席芸人は何人もいて、談志さんはその誰もから可愛がられたのに、そういうところはほとんど世に出ない。

そうしたエピソードがいっぱい詰まったこの本に、こんなことが〝あとがき〟に書かれてあった。

「この世界をチョイと齧《かじ》って他のジャンルに行った奴あ、どうでもいい。ちったあ、この世界に世話になったり、恩義をきたり、楽しませてもらった物書きは、下手でも、馬鹿でもかまわねえから、何か、書けやい」

これを読んで、なんだか自分のことを言われているような気がした。

それから、国立演芸場で、毎月、開かれている「談志ひとり会」へ足繁く通うようになった。通いはじめてまもなく、十月に「富久」がかかった。

一席目の「兵庫船《ひょうごふね》」でウォーミング・アップ、中入り後は、まくらもそこそこに本題へ入っていった。

うらぶれた長屋住まいの幇間久蔵は、歳の暮になけなしの一分金で富くじを買う。それを神棚の大神宮様のお宮の中に大事にしまいこんで寝入ったところへ、火事の知らせ。しくじった得意先の旦那のところへ「火事見舞」に駆けつけ、出入りを許されたのもつかの間、またもや火事の知らせで、久蔵は一晩に二件の火事見舞のかけもちをするはめになる。ところが、こんどは自分の家が焼けてしまった。旦那の家に厄介になりはじめたある日、富くじの当日の神社へ出かけ、なんと突き止めの千両が当たるのだが、肝心の札がない。火事で燃やしてしまったのだ。

ここからが談志の見せ場だった。札がなければ、千両はおろか十両すらもらえないことがわかると、それまで係の者に喰ってかかった勢いはどこへやら、久蔵は、冷たい風が吹く師走の町を、トボトボと泣く泣く歩き出す。くやしさと情なさのあまり、握りこぶしを噛みしめる久蔵。そこへ鳶頭《かしら》が現れて、火事のときお宮を運び出してくれたことを知る。一転して、気がふれたように、鳶頭に喰らいつく久蔵。そして、めでたく富の札との再会となった。

「うまくやりやがったなァ、この暮に千両たァ」

「へぇ、大神宮様のおかげで、町内へのお払い〔お祓い〕ができます」

とサゲた。

それまで水を打ったように静かだった客席から割れんばかりの拍手。人生のどん底に落とされた人間が目のまえに大金がちらついて動揺し、そして、落胆し、再び歓喜するという、人間がキワまで追い込まれたときの心のうちを、迫真の力で演じて見せた。

終わっても、談志はいつもどおり、すぐに高座を下りもしなければ、幕も下ろさせない。ひとしきり、自分の口演の感想をしゃべり、額の汗を拭いながら「久蔵に富が当たって、本当によかったと思います」と言って高座を下りた。久蔵を演じた談志の口から思わずこぼれた言葉だが、観客の気持を最も代弁したひとことだったから、わたしはそれを聞いて胸が熱くなり、涙がこぼれた。

わたしは、この「富久」を一生忘れない。

3

翌月は、さらに凄絶をきわめた高座だった。

「談志ひとり会」は六時半開演。前座はなく毎回立川流の真打格が二十分ほど高座に上がり、談志と交替し、そこで一席もしくは二席続けて演ったあと、中入りをはさんでもう一席しゃべる。このときは談志の楽屋入りが遅れて、弟子たちがつなぎにつないで、談志が高座へ普段着のまま顔を出したのが、なんと八時だった。今日私事で何かいやなことがあり、落語がしゃべれる調子じゃないが、とにかく自分の会でもあるしやってきたので、ここでこのまま中入りにし、そのあとで一席しゃべりますと言って楽屋へ下がった。

中入り後、出囃子にのって、談志がようやく高座の座ぶとんに座った。例によって小声でしゃべり出すがよく聴こえない。どうやら、いきなり噺に入りたいが、まだ感情が高ぶってしょうがないんで、小噺でもやってから「文七元結」に入る、ということらしい。

「人の〝性《さが》〟は、善ということもない。悪ということもない。勝手なんだな。いいことをしなきゃいけないって言う。これは、ほっとくといいことしないから言うんであって、これは学習だ。だからいいことしなさいって落語、大嫌いだったんです。でも、人間本来ね、親切な気もするよ」

本題の「文七元結」へ入るための談志流まくらではじまった。

「落語のまえに、まくらで内容を分解しちゃいけないんだ」

と、言ってから、いきなり「文七元結」へ入っていった。

「いま帰《けえ》った、おっかあ、いねえのか」

ところが、長兵衛の台詞をそれだけ言うと、

「ああ、ダメだな、弱ったなァ」といって腕組みし、絶句した。客席では、だが、まだそれを長兵衛の台詞と勘違いしている客たちが、大きな笑い声をあげた。

しばらく間があって、『芝浜《しばはま》』なら出来るかな」と言うと、拍手が起こった。客のほとんどは、談志がいま深刻な事態に陥っていると思ってはいないが、これは談志にしては、異常事態である。なぜなら「文七元結」の噺を忘れて立ち往生しているのではなく、気持を噺にのせられないため、絶句してしまったのだから。つまり、噺を替えたところでしょせん同じことのように思われた。さて、どうする。わたしは、少々意地悪な気持で、談志がこの窮地をどう切り抜けるのか眺めてみようと考えた。

「いや、『鼠穴《ねずみあな》』なら出来っかもしれない。どうも最近、ボソボソしゃべっているうちにトレーニングして噺に入るってのが定着しちゃって、いけないね」

言い訳がはじまったかと思ったら、突然、「芝浜」に入り出した。

「おまえさん、いったいいつんなったら、商いに出るんだい」

そこまで言うと、再び腕組みし、頭をかしげて、絶句。

「弱ったなァ。ごめんよ。こういう芸人見たことねえだろう。お客さんが、いかに同情して神経くれてるかわかるんだけど……」

首をひねって考え込む。

「居るよう」

「居るんなら居るってそう言え」

またまた、「文七元結」へ逆戻り。

「居るんだったら、灯《ひ》入れとけ」

「油がないよう」

「ウーム」

三たび絶句。

「妙なもん見たでしょう、こんなもんなんです」

「旦那、あの江戸おもてから、竹次郎さんて方が見えました」

「弟だからこっちィ通せ、……あーあ」

「鼠穴」に入ってみたが、やはり台詞に気持がついてゆかない。

追いつめられた談志が、ついに肚《はら》を決めて言った。

「木戸銭返す。悪いけどそうしてください」

客席は、すでに水を打ったような静けさである。観客が、談志の次の言葉を待とうとしたその時、客席から「顔見ただけで十分！」という声がかかった。

「そう言われてもねェ」

と言って、談志は顔をゆがめた。

「ウーム、じゃあ、あと五、六分待ってみてください。ことによると何とかなるかもしれない。口から出まかせでしゃべるから」

そう言って、再びしゃべりはじめた。

「ことによると『芝浜』が出来るかもしんねえぞ」

談志が、そう呟《つぶや》くと、客席から拍手が起こった。

「そのねェ、『芝浜』が出来ないって料簡《りょうけん》よくわかるんだけど、おまえさん、それじゃ困るよ」

なんだかよくわからない、「芝浜」の主人公魚勝のかみさんの台詞である。

「おまえさんの魚、来るお客さん待ってるよ。いつんなったら、商いに行くんだい」

こうして、ようやく台詞と気持が合いだして「芝浜」へ入っていった。

それにしても、落語を高座にかけることがこれほどナイーヴでデリケートなものだとは、ついぞこれまで知らなかった。覚えた噺はどれも手馴れたもので、いつでもどこでも口から出まかせの如くしゃべれるものと考えていたのだが、とんでもないということがよくわかった。わたしは、あらためて談志さんに惚れ直した。そして、誰よりも深く落語を愛していることがよくわかった。

本題に入ってからの談志は、迫力十分だった。魚勝は真冬の芝の浜で革財布を拾い、四十二両もの大金を手に入れる。これでまた酒を飲んで暮らせると、家へ飛んで帰り、女房にその四十二両を見せると、酒を飲んで寝てしまう。女房は、働く意欲が出てきたばかりの魚勝が、この大金で再び酒びたりの生活に戻ってしまうことを恐れ、酒を飲んで寝入ったのをよいことに、〝夢〟の出来事にしようと企《たくら》む。「芝浜」は、ここがヤマ場である。女房が魚勝に、あれは夢だったと説得するように、演者も観客を納得させるほどの演出と演技力を要求される。談志は、浜で財布を拾う件をあまりくどくど演らず、眼が醒めた魚勝を必死になって〝夢〟だと説得する女房に、それだけの時間をかけた。

魚勝が真面目になって働き、小さな店まで持てるようになった三年目の大晦日。除夜の鐘が鳴り響く中で、女房が魚勝に、三年前の〝夢〟の告白をする。そうして、女房が機嫌直しにつけた酒を湯呑に注いでもらい、さあ、いざ飲もうとしたとき、何を思ったか魚勝は湯呑を下へ置いてポンと言う。

「よそう、また夢になるといけねえ」

談志が頭を下げると、しばらく拍手が鳴り止まなかった。おそらく、こんな高座にはもう二度と出会わないだろう。帰り道、いつだったか、色川武大《いろかわたけひろ》さんがふと洩《も》らした言葉が思い出された。

「六十歳になったとき談志が楽しみだね」

昭和十一年生まれの談志はこの年（平成四年・一九九二年）五十六歳だった。


（本章初出：山本益博『プロフェッショナルの本領』新潮社刊）

［第二章］

「文七元結」をめぐって

1

わたしがいままで聴いてきた落語家のうちで、「完璧」という、現実にはありえない理想の芸境を終生目指していたのは、昭和の名人八代目桂文楽《かつらぶんらく》と古今亭志ん朝《ここんていしんちょう》のふたりのみである。

志ん朝の話芸というのは、二十年以上も前からすでに完成の域に達していたといえる。その証拠というわけではないが、ソニーミュージックから出ている志ん朝のCDを聴いてみるとよい。

一九七〇年代後半から八〇年代にかけて、千石の三百人劇場で開かれた独演会の模様がライヴで収められているのだが、例えば一九七八年（昭和五十三年）収録の「愛宕山《あたごやま》」など、すでに型が完成された噺の運びである。

わたしは、この志ん朝の独演会には欠かさず足を運んだひとりで、いつでも観客の期待に応えるべき「完璧」を目指してのぞんだ高座は、どれも珠玉のような出来栄えだった。一晩に「柳田格之進《やなぎだかくのしん》」と先の「愛宕山」をかけた日のことは、いまでも鮮やかに蘇ってくる。長講の人情噺と落とし噺の大作を力演熱演し、ともに秀逸な出来栄えという、志ん朝にしても、奇跡と呼んでよいような一夜だった。

だが、いま完璧主義者志ん朝を証明するかのような、ある高座を思い出す。いつのことだったか、新宿・末広亭で聴いた「宿屋の富《やどやのとみ》」がそれである。トリ（その日の番組で最後に高座に上がる主任のこと）に上がった志ん朝だが、演目を前もって知らせるホール落語と違い、寄席《よせ》の高座は演し物《だしもの》がわからない。しばらくはまくら（噺のあたまにつくところからこの名がつき、本題に入るまでの噺をいう）を聴いているうちに「宿屋の富」ではなかろうかと予想がついた。

「宿屋の富」のストーリーを詳述する余裕はないが、無銭飲食どころか一文無しのくせに宿屋に長逗留《ながとうりゅう》をしようとたくらんだ客が、宿屋の主人に大金持ちであるという嘘をついたあげく、なけなしの一分金で富くじを買わされるはめになる。その貧乏人の当人に千両富が当たるという噺なのだが、クライマックスは、書き出された当たりくじの番号を見ながら、自分の買った富くじの札と見比べる場面である。

「向こうが、子《ね》の千三百六十五番、こっちが子の千三百六十五番……」

これを何回かくり返すうち、「当たらないもんだね……」と思わずつぶやく。だが、思い直して、もう一度「向こうが、子の千三百六十五番、こっちが子の千三百六十五番、……ちょっとの違えだ」と言ったところで、客席から、

「当たってるよォ！」

と声がかかってしまった。

そのとたん、寄席の高座と客席に張りつめていた緊迫した空気がいっぺんに解けてしまい、それまで非のうちどころのなかった志ん朝の話芸が一瞬のうちに崩れていった。

常に「完璧」を求める志ん朝にしてみれば、寄席のハプニングとはいえ、これは最悪の高座の部類に入るだろう。

だが、客が思わず、「当たってるよォ！」と大声を上げてしまったほど、その高座は真に迫っていたともいえるのだ。

落語を熟知している客たちが、志ん朝をお目当てに、すでに予告されている演し物を楽しみに出かける、いわゆるホール落語と違い、寄席の客は、落語は単なるお笑い程度にしか考えていない者も多い。

そこへ突然、話芸の真骨頂が目の前の高座で展開されるのだから、純粋な気持ちで噺に引き込まれてしまうのは十分に考えられることである。

こういう客も話芸でもって別世界へ連れていってしまうことこそ、志ん朝の最大の魅力だったのではなかろうか。落語を聴きはじめた人にとっても、聴き巧者にとっても、志ん朝は偉大な存在だった。

その志ん朝の落語がもう高座で二度と聴けないのは、寂しい。本当に寂しい。

志ん朝の高座は、CDの録音で遺されているが、映像にもいくつも噺が収められていて、現在はDVDで見ることができるのは嬉しい。

いま、わたしの手元に志ん朝の一本のビデオがある。以前、TBSが深夜の時間帯に「落語特選会」と題して、国立小劇場で毎月定期に開催されている「落語研究会」で収録した高座を放映していた。それからエア・チェックしたもので、演目は「文七《ぶんしち》元結《もっとい》」。三遊亭圓朝作といわれる、人情噺の大作である。

この高座の出来栄えが、まことに見事なのである。「あっぱれ、志ん朝」と声を上げたくなるほど、本人が望むところの理想的な芸境の世界で噺を運んでいる。完璧主義者志ん朝を証明するには格好のというか、この一本のビデオですべて事足りるというほどの高座である。

これを見れば、話芸といえども、志ん朝の落語はしゃべくりの舌耕芸《ぜっこうげい》の域を既に大きく脱した芸であることが誰にもわかるだろう。

噺が佳境に入るまでもなく、高座での身振り手振りが演劇的で、ドラマティックな場面にさしかかると、この仕方咄《しかたばなし》の手法が最高度に発揮されているのだ。

本所だるま横町の長屋に住む左官の親方・長兵衛は、腕はいいが、三度の飯より博打が大好き。今日も細川の屋敷でスッテンテンになり帰ってくると、かみさんから娘のお久が昨日から居なくて居所が不明と告げられる。

じつは、娘のお久が父親の借金を見かねた末、吉原に身を沈めることを決心し、長兵衛の仕事先でもある吉原の大店「佐野槌《さのづち》」の女将のところへ身を寄せていたのだった。

長兵衛が急いで出かけ、いい娘がこんな場所に出入りするもんじゃないと諭そうとすると、逆にお女将から説教を受けることになる。改心した長兵衛は、娘のお久をかたに五十両を借り受け、一年後の大晦日までに返済するむねを約束し、吉原をあとにする。

闇の夜に吉原ばかり月夜かな

大門をそこそこに、見返り柳をあとに見て……、……山の宿から花川戸、左へ曲がる、吾妻橋。

長兵衛親方、ここで身投げをしようとする若者に出っくわす。掛け金の五十両をお店へ持って帰る途中、男がぶつかってきてその五十両財布ごと盗られてしまったのだという。

話を聞いて、すぐさま懐の五十両を確かめる長兵衛。主人に申し訳が立たないので、どうしても身投げするときかない、この見ず知らずの若者に、困り困った長兵衛親方、自分の五十両のいきさつを話した上で、まるごと投げつけ、暮れの江戸の闇夜へ消えていってしまった。

ところが、手代の文七が店へ帰ると、碁に夢中になって置き忘れてきた五十両が戻っていた。

さァ、大変。翌朝までに「お久」と「佐野槌」を頼りに長兵衛親方を探し出し、夜っぴいて夫婦喧嘩をしている真っ最中の長屋へ、鼈甲問屋の近江屋主人が吉原からお久を身請けし、文七と一緒にさせるため、お礼に伺い、目出度し、目出度しとなる一席。

この一時間に及ぶ長講一席の、志ん朝の見せ場は何処《いずこ》にありやは、また明日！

2

落語は口伝による伝承芸だから、音楽の楽譜に当たるような定型の記録はない。師匠から弟子へ、先輩から後輩の落語家へ噺が伝わるとき、教わる側に一切の裁量がまかされている。

そこで噺の骨子は忠実に伝わりながらも、そこに何らかの新しい工夫なり省略なりが加わることとなる。これが落語という話芸の最大の魅力でもあるのだ。

いまでは音声、映像による記録が容易に可能だが、それが出来なかった明治の時代には、落語家の口調をそのまま写しとる速記という形式の記録が生まれた。この速記本のおかげで、明治・大正の落語家の高座での噺の運びがかなり正確に知ることが出来るのである。

昭和四十三年に編まれた『古典落語』(筑摩書房)の第三巻に六代目三遊亭圓生《さんゆうていえんしょう》の「文七元結」が収められている。明治三十三年生まれで、昭和十六年に六代目圓生を襲名、戦後の落語の黄金期に活躍し、昭和を代表する名人のひとりだった落語家で、「文七元結」はお得意の一席だった。

この速記を読むと、志ん朝の「文七元結」は、圓生に教わったことがすぐに推測出来るほど、ほぼ忠実にその型を踏襲していることがわかる。

では、六代目圓生は誰の「文七元結」を受け継いでいるかといえば、義父でもあった五代目三遊亭圓生からである、と解説に書いてある。

その五代目圓生の「文七元結」が、『名人名演落語全集』(立風書房)の第六巻に載っていて、この速記(大正七年に出版されたものの再録)を見ると、印象がかなり違うのである。

ひとことで言うと、説明的なのである。つまり、登場人物を演じ分けてはいるものの、あくまで言葉で噺の中身を伝えようとしているのだ。落語だが講釈に近い。

例えば、左官の長兵衛が娘お久をかたに五十両を受け取り、帰る道すがら吾妻橋にさしかかったところで、吉原をふと振り返ってこう言う。

「おひさ、辛抱してくれ、よォ……あァ、おれはもうばくちはふつふついやになった……持つべきものは子だてえが、あァおれがわるかった。おれがわるいために子どもにまで苦労をかけなきゃァならねえ、気のつきようがおそいや……」

独りごとをいって吾妻橋へぶらりぶらりかかります……ちょうどいま橋の中ごろまでまいりまするると、欄干に手をかけて、水面をにらんで、いまとびこもうとしている者がある……いきなりうしろから抱きとめて、

「これ、待ちねえ、放さねえか」

「(若い男)あなた、放してください……どうしても死ななければならないわけがあ

って死ぬんでござんすから、どうか助けると思って殺してください」（傍点・著者）

五代目からこの噺を受け継いだ六代目圓生は、次のようにこの場面を変えている。

「（立ちどまり腕を組み、はるか向こうを見ながら）勘弁してくれ、なァ……俺ァもう、決して博奕なんぞァしねえから、一生懸命稼ェでおめえを、一ン日《ち》も早く迎《むけ》えにいくから、辛《つれ》えこともあるだろうが、辛抱してくれ、なあ……持つべきものは子だッてェが博奕ァもう、ふつふつ嫌ン……（ふと、人影に気づき、目を離さず、腕まくりして、いきなり腰のあたりを抱きとめ）おいッ、待ちねえ、おい、あぶねえ、おい、ま、待ちなてんだ」

「（もがいて）どうぞ、お放しください」

「ま、いいから放せてんだよ、おい、そこを放《はな》、放せてんだ（乱暴に、下へ引き下ろす）」

「（どたん、と倒れた態で）痛いじゃありませんか、そんなひどいことをして……怪我ァしたらどうする……」

これが志ん朝になると、長兵衛のひとり言がすべて省略され、人影に気づくと、すぐさま目を大きく見開き、両腕を伸ばして、いきなり襟《えり》を引っぱる仕草に移る。

「おっと待った」

「お願いでございます。放してください。お願いでございます。死ななきゃならない訳があるんで……」

「冗談言っちゃいけねェ、誰が放すもんか、こうなったら放しゃしねェぞ、おまえのほうこそ、欄干から手を放せ、こん畜生、こん畜生（とこぶしを振り上げて叩きつける）」

「痛いじゃありませんか、怪我したらどうする」

　こうして三者を並べてみると、場面転換の言葉を省略する替わりに、目や手の動きによる所作を加えたのは、志ん朝ではなく六代目圓生の創意工夫であることがわかる。

　しかし、このあと長兵衛が文七に財布ごと五十両を投げつけて姿を消してしまう件《くだ》りで、志ん朝は極めて演劇的な仕草をしてみせる。

　投げつけられた中身が石ころぐらいだろうと思い込んだ文七が、それを姿の見えなくなった長兵衛に向け投げ返そうと、財布をにぎった拳を振り上げた瞬間、それが石ころなどではなく、ひょっとして五十両の小判だと手の感触から気づいて、視線を右上にゆっくりと上げ、その拳をじっと見据えるような眼で見つめるのだ。

　これはもう芝居であって、しゃべくりの舌耕芸ではない。映像時代に対応し、噺の世界に演劇的リアリティを持ち込んだ、志ん朝の独創的話芸といってよい。五代目圓生の高座が、上半身の動きを最小限に抑え、すべては台詞優先で噺を聴かせようとする舌耕芸の伝統にのっとった型であるのに対し、志ん朝のそれは、昔だったら邪道といわれかねないほどに噺を見せることに重点を置いている。志ん朝の落語は、この芝居の所作を抜きにしては成り立たない高座で、しかも、それを正統派のように感じさせてしまうところが、志ん朝の芸の凄さなのではなかったか。

志ん朝が噺の世界に演劇的手法によるリアリティを持ち込んだ落語家とするなら、立川談志は、心理的手法、つまり登場人物の心の動きに忠実にしゃべり、そこから噺のリアリティを紡ぎ出そうとする落語家といえる。

談志の「文七元結」(竹書房の『立川談志 ひとり会 落語ライブ'92-'93DVD-BOX第一期』に収録)は、主人公長兵衛の気風《きっぷ》のよい江戸ッ子気質《かたぎ》を描くことにより、娘をかたにもらってきた五十両を、見ず知らずの若者にやろうかやるまいか、ためらい逡巡するうちにどんどん切羽詰まった状態に追い込まれてゆくその長兵衛の心の動きのまま噺が進行する。

観客やそのときの場の雰囲気によって、五十両にふんぎりをつける時間が毎回違うのだ。

落語家はそもそも〝はなし〟家と呼ばれ、噺とも咄とも書いてそれに当てた。つまり、いま思いついた言葉のようにしゃべる、口から出まかせで話す、それが落語の話芸だった。

だから、噺はいつもファジーな状態でよいのだ。〝完璧〟を目指そうとするから台詞も所作もすべて固定したくなってしまうのであって、いつも揺れ動いているものなら、大切なことは何より〝即興〟なのである。

高座はいつでも出たとこ勝負、観客との共同作業によって、はじめて噺が成立するといってよい。これが談志の落語の特徴であり、危険をはらんだ魅力といえよう。

志ん朝の古典的様式美にのっとった、さながら役者の芝居がかった長兵衛も見事だが、談志のあくまで人間のリアリティを追究する脆《もろ》くて弱い長兵衛も、人間の真実の優しさにふれて素晴らしい。

［第三章］

落語ノート・昭和五十一～五十三年

立川談志・高座メモ

昭和五十年（一九七五年）から五十四年（一九七九年）まで、大学ノートに「落語はどんどん新しくなってゆく」とタイトルをつけて、寄席やホール落語会で聴いた落語のメモをとっていた。当時、朝日新聞の夕刊の「寄席だより」というコラムを書いていて、その連載のために頻繁に落語を聴きに出かけていたのだった。ノートは落語家別に分けられ、志ん朝、談志、圓楽、小三治、円鏡、それに柳朝、扇橋、文朝、円窓、小朝と続いている。

昭和五十年と言えば、立川談志三十九歳である。五十年から五十四年まで五年ほどで、談志の落語は六十六種の演目を聴いている。ノートを仔細に見ると、定席の寄席ではしばしば客のヤジに反応して、そのつど談志ならではの諧謔が高座から発散されている。そういう、客との応酬は速記本や録音には収録されずじまいに違いない。このノートはあくまで私が落語家の高座の口演記録を書くための下書きのメモに過ぎないのだが、今回の企画ではそのメモが生きるかもしれないということで掲載することにした。

高座のメモは、日付け、場所、演目に続いて、気になったことをメモ書きにしてあるのだが、あくまでメモなものだから、私にしかわからない表記がいくらもある。それでも、敢えて、手を加えずにそのままにした。それから、寸評のようなものも添えてあるが、これまたわかりづらいかもしれないが、お許し願いたい。
演し物の前の星印は、当時は二重丸、三重丸などと○印でつけていたものを星印に変えてみた。丸一つでも十分に聴きごたえがあった高座といえ、三つ星のついている演し物は終生忘れることができない出来栄えの高座で、こういう談志の高座に一度でも出逢ってしまうと、追っかけが始まり、やめられなくなってしまう。

立川談志高座メモ

（以下、山本益博・落語ノートより　※日付、場所、演目、メモの順）

昭和51年（1976年）浅草「木馬亭」

☆「黄金餅」：サゲをいったあとで、「志ん生ならもっとうまく演るんだけどな」
腹（生煮え）から金をえぐりだすときの両手のすばやさにみる金への執念。

昭和52年（1977年）1月　東宝名人会

☆☆「富久」：マクラを入れて約13分の高座前半大胆にカット。とくに久蔵の道化性には興味を示さぬ演出。火事見舞の客に対するシークエンスなし。富札が千両富を当てたときから、がぜん久蔵の人間性が湧きだす。

昭和52年（1977年）2月28日　イイノホール（にっかん飛切落語会17）

☆「天災」：八五郎の無頼、無知ぶりが秀逸。

昭和52年（1977年）3月7日　厚生小（志ん生・文楽偲ぶ会）

☆「よかちょろ」：道楽息子の徹底した道落ぶり。写実の手法用いず。

昭和52年（1977年）9月22日　イイノホール（にっかん飛切落語会24）

「持参金」：マクラ絶妙（噺家の主体性をとりもどす）。

「圓生を最近きいたけど、やっぱりうまいね。ほんと俺、圓生巧いとおもう」

「都知事選で知事ンになったら、すぐ皇居のホリを競艇場にする。ギャンブルはよくねえったって、財源がねえんじゃしょうがない」

昭和52年（1977年）11月28日　国立劇場小劇場　落語研究会115

☆「慶安太平記」：当日の高座ではマクラ群を抜く。
「重松うまかったな。あの明治の匂いってのが、どうやったってかなわねえんだ。重松よりオレのがうまいかもしれねえが、あの匂いだけは出せねェ」
「オレみたいのがこういうところに出られなくなったら、落語もダメだな。内的にだけどね」
「きょうはできるだけヘタにやってみようとおもう。それでも三平や円鏡には負けないけどね…。テレビの録画どりするそうだけど、こないだ『短命』やったら、放送できませんてディレクターがいやがって。まあ、オレもめちゃくちゃにやってみたんだけど…。そのうち落語は寄席でしかきけなくなるよ」（差別）
善達と飛脚（ごまの灰）の人物像が乱暴だが、規格外の人間で魅力的。ただ噺の展開がめまぐるしく、あわただしい感じは否めない。「慶安太平記」の序で下りる。

昭和52年（1977年）12月1日　新宿紀伊國屋ホール（紀伊國屋精鋭落語会6）

☆☆☆「文七元結」：マクラ「池袋にも来てほしいな」「客の程度こっちだってためしてんだ。ああ今日の客はこの程度か」（酔客のヤジに対して）↓最悪の状況で幕明き。

「人情噺できなきゃ、真打とはいえねえなんていうけど、あんなものだれだってできるんだ。人情噺あたくしあまり好きじゃない」

圓朝作「文七元結」の由来、解題をいう（ex.江戸の粋人たちの会。噺に悪人がひとりもでてない）。

エンジンがかかるまで時間がかかる。

○ストーリーテラーの姿勢を示すことば
「いやなのを無理してはがして…」

（長兵衛が佐野槌へ行く件りで）

「さわってみりゃ商人《あきんど》の手代だから…」

（文七が投げつけられた財布をさわって）

「翌日、文七をつれて吉原へお礼詣り」…→だるま横町の件り

○談志らしい言葉、表情、動き
「オレはだらしがねえ、メチャクチャなんだ」

（橋上で長兵衛が文七に）↓五十両出すか出さないか（ポイントにしている）。

「ツッ」という舌打ちがはじめ気になる。噺が進むとなくなった。

金を五十両佐野槌の女将から借りるときの表情（鼻いき）借りた羽織を実際に脱ぐ素早さ。橋上で五十両の金の入った財布を確認する素早さ。

「芸」という概念を破る。つまり、人間のあるときの感情なり行動を、高座の上でろか（フィルター）したものを芸と呼んでいるが、談志は、写実というかたちでそれを「ろか」しないし、品よくまとめようという意志もない。

その時の人間の感情などをなんとかストレートに伝えたい。「写実」など実を写すのではなく「実」をできるだけ生々しく表現しようとつとめる。

客をつねにご機嫌にさせる文楽の、志ん朝の「芸」と対比。

人間は善意とか正義とか良心ではすまされないことを落語で言い続ける談志。客はそれを自分のことをいわれているようで怒る。また談志も偽悪者を装う。ゆえに文楽の本音をみせない、志ん朝の下心をさとらせないほうがこわい。

↓江戸っ子は「他人を気にすることであると志ん生がいった」（専門料理・1月号）

志ん朝対談。

談志のサギ師的噺つまらない（「居残り」「付き馬」「姫かたり」）。

それより「文七」「権助もの」「与太郎もの」「富久」「粗忽長屋」「子別れ」「黄金餅」「品川心中」のようなものがいい。

昭和52年（1977年）12月23日　イイノホール（にっかん飛切落語会）

☆☆「慶安太平記　吉田の焼き討ち」‥(序) に比べて、格段のおもしろさ。つまり人物の会話が多いし、それぞれの人物にユーモアがあって楽しい。善達、飛脚の十兵衛、宿屋主人、同番頭、吉田橋の老夫婦など〝悪人讃歌〟人間のどこまでもしたたかなところを描く。噺の展開も奇抜であきない。

昭和53年（1978年）1月17日　本牧亭（独演会）

「羽団扇」‥マクラ‥〝14日の地震について〟あんなのしょうがねえんだ、ジタバタしたって。地震で死ぬやつァ死ぬんだ。しゃあねえじゃねえか。生き残ったやつが地震のこわさを語る、と。それでいいんだ。「夢の酒」に酷似。ギャグ‥エビスのビール（七福神の宴会の夢で）。

昭和53年（1978年）1月17日　本牧亭（独演会）

「鈴ヶ森—権八と長兵衛の出逢い—」：マクラ：あたしのいいところは、てめえの芸よりてめえの鑑賞眼のが秀れてることで、そのギャップが埋められなくてまいっちゃうときがある。

ギャグ：全国に名が知れわたってますよ。また全国区やったらどうです（権兵衛が親分の長兵衛へ）。

虚構の世界へつれこみながら途中の地ことばや説明の場で、現実に引きもどす。「慶安太平記」同様、豪傑な悪党を談志は好んでいるのではないか。


昭和53年（1978年）1月17日　本牧亭（独演会）

☆「二階ぞめき」：〝お楽しみ〟とプログラムにあり、演題を決めずに高座にあがった。マクラできょうは「道楽者」を演るといい、本題に入る。噺の前半でかなりの吉原の説明。後半、二階にこしらえたミニ吉原の場でも説明が入る。「道楽息子」の道落ぶりを楽しみながら、演じているフシがあった。そのとてつもない道楽ぶり、放蕩ぶりがすさまじいばかり。この手の噺を談志は好んでいる。他に「よかちょろ」あり。

昭和53年（1978年）2月28日　東横ホール（東横落語会206）

☆「よかちょろ」：マクラ：世相批判。
「受験ママ」「地震」―なるようにしかならない―

「票がいらないからいくらでもホントのことがいえる」

あきれるほど徹底した道楽ぶり。


昭和53年（1978年）3月23日　イイノホール（にっかん飛切落語会30）

☆「権助提灯」：前回登場の際の『にっかん飛切落語会』で「権助」をやりそこなって「疝気の虫」もベロベロの出来だったのでやりなおし。
2月のTBSでも酔っぱらって噺がわからなくなり「酔いが限度でした」なんて、なんだかわからないオチをつけておりた。

ギャグ：「ちん（朕）というのは、いざというとき責任のがれちゃうんですから」

（妾宅になにかあったとき）。

権助「こんなおそくどこへ行くんです。小田原、大阪、沖縄…」↓「沖縄」は談志がしくじった場所。

オチ：権助「夜が明けた〜い！」といいっぱなしの感じがうまくはまった。

昭和53年（1978年）3月30日　東宝名人会

☆☆☆「木乃伊取り」：マクラ：まず建前「ようこそ東宝名人会へ。いろいろお遊びどころあるなかを……楽屋一同になりかわりましてあつく御礼申し上げます」そして本音「ちかごらア平気でうそつけるようになった。六年間の後遺症がまだのこってる」

志ん生・文楽の思い出。

○志ん生師匠と将棋をさしてて「おい、どうしてそこオ待てねえんだい」

○文楽師匠に「おまえあたしのかわりに人形町ハネといで」といわれ、それなりにお客さまから拍手をいただいたときは、落語家になってよかったなアと思ったもんです。

……

客席から「落語やったためしがねえんだ。噺を聞きにきてるんだから」

談志「これがオレの落語なんだよ。つまりあんたとイメージがちがうわけだ」

「人の形式に入ってくるなよ。これでも二十数年やってんだから…」「…ありゃあオレのおじさんじゃねえか。とするとタダで入ってきてんな」とたんに客だまってしまう。「木乃伊取り」を熱演。高座を降りるさい、ヤジを飛ばした方を向いて舌を出しておどけてみせた。「どんなもんだい!」といった感じで…。

昭和53年(1978年)4月16日　本牧亭(独演会)

☆「権助提灯」:言葉づかい:妾「たのむわ、それとってもできないわ」男の哀しさ(女をしたがえているようで、二人にふりまわされる)。マクラ(放談)長すぎの感じ。客の甘さに救われる。「池袋演芸場」「アカデミー賞」「領土問題」「いいかげんが好き」(「一生懸命」「全力投球」とかいうのはきらいなんだあたくしゃあ)。

昭和53年(1978年)4月16日　本牧亭(独演会)

☆「居残り佐平次」:前半のストーリー、テンポよく飛ばす。言葉が考えるうちから一瀉千里《いっしゃせんり》に飛びだす。「だァーッ」「よォーッ」など意味不明の擬音語多すぎる感じもあり（耳ざわり）。手や体をつかっての擬態も目立つ。

佐平次の性格：悪人としては描かず遊び人として描き、最後のタカリもはずみでそうなってしまったといった感じの演出。つまりヒョンなこと（飲み屋でたまたま隣りあわせた人と意気投合したのが原因）から居残りになった（居残りを考えついた）のであって、悪事を働こうとして考えついた居残り（圓生の演出）とは根本的にちがう。

「居残りなれてんです、好きなんです」のセリフにそれをうかがうこともできるだろう。

オチも：「強飯にかけた」「道理で旦那のあたまはゴマ塩だ」ではなく、裏から出ようとすると、旦那が「これで裏返されたらたまらない」でオチにする。

（閉幕後）

「権助提灯」：幕を閉めたのち、再びあげて客の送り、そのうち残った客と討論。

「噺は、とくに放談はそのときそのときで短くなったり長くなったりするんだ。だからこれは仕方のないことなんだ」（権助提灯のマクラの長かったことの弁明？）

「三球《さんきゅう》、照代《てるよ》もうおもしろくないね、そろそろ落ち目だな。こうなったらもう『地下鉄』やってもうけないんだ。だから、おれはテレビでは『野ざらし』も『源平』

もやらなかった。円歌『山の穴…』とともに人気を得たけどね…」

大西信行の『落語無頼語録』に談志のことが悪く書かれていることについての若い客からの質問「あれは嫉妬でしょ、だれか小三治やなんかほめるためには、だれかをけなさなきゃいけねえからね、だけど、書いたやつ残るからねェ……」

レコード録音について。

「うん、金もうけのためにはしたくない、ただあたくし自身の記録としてあってもいいとおもう。若いころの『源平』なんてきくと、それなりにおもしろいしね、だから各年代の記録をしていくのもわるくないね」


昭和53年(1978年)5月18日 芝・青年会館(小さん・談志親子会)

「阿武松」:マクラ:貧乏人(平等について)、黒字べらし(円高)。「落語は業を認めちゃうんで、いいも悪いもなんにもない」

前に手をついてのりだし、それをキッカケにマクラを切って、本題へ…。地噺に近い演出。

コトバ:本題入ってすぐ阿武松の出身地の説明のところで、ひとしきり紋切型でいったあと

「いままでいうと…どこだかわかんない教わったとおりやってっから…」（つまり、細かいことに拘らない）
「キッカケなんてなんでもいいの、あとが問題なの」（阿武松が相撲取りになるキッカケ）
「そんなとこで笑うんじゃないよ、内容で笑えよ」（噺忘れてしまい、そのことをいうと…客が笑った）
「一分で食えるだけ飯をくわして…」↓「いまでいや、五千円で泊まれるところ、十二、三万出して…」（客に一分金の実感を伝える）
「相撲道の最高は横綱、今日、（5／18、夏場所12日目）勝ったか負けたか知らないけど…、あんまり興味ないいん。相撲好きでないのに平気で演る。ハレンチだね」
しだいに談志の私語がなくなっていく（スロースターターでエンジンがかかるのがおそい、志ん朝と対照的。志ん朝はトップスピードに乗るのがはやい）。
つまり、マクラ（私語を含めて）は仕切りと同じで、眠っている体を起こすための準備体操であり、自分をカッカ（スパーク）させるためにいってるのではないか。

昭和53年（1978年）5月18日　芝・青年会館（小さん・談志親子会）

☆☆「黄金餅」：黒羽二重紋附で登場　すぐに羽織を脱ぐ。

マクラ：貧乏人（日本に貧乏人がいなくなった。大家さんつれてだいこんもって花見行くなんてえのはまだ情があっていい）

ニューヨークのハーレムなんか、すごいもんで、スキさえあれば、人をおしのけてはいあがろうと……下谷の山崎町はそんなところ……。

和尚登場（もの凄い形相）ひょっとして、談志の演出こそが落語のリアリズムかもしれない。

「ほっすももくぎょもかねもなんにもない、りんもかねもなんにもない、なあんにもない…なあんにもない…これくらいいえばわかるだろう…いまは物量でせめないいと」

生焼けの腹から金兵衛が金をとりだす仕草、目にもとまらぬスピード、最後に両手で骨と灰を払ってキメる。

昭和53年（1978年）6月9日　NHKTV

「明烏」：マクラ：世相を斬りながら、最後には必ず自分を斬ってオトす（場がシラケた場合とくに)。

本題:時次郎のセリフ「そういう人はいけませんねぇ、まごころが足りませんねぇ」

私語:「…角海老、大文字、大店でございます。…」と文楽のモノマネをして描写してみせたが客席の反応なし。「きょうの客は黒門町の文楽知らねえんだな」で片づけ、サメてしまった感じで。

「昔は十八ったら女ざかり、いまの女は『だからさぁ、あのねー』」浦里についてのところで私語が出る。本題がかなりすすんだところ私語がでるとき、出来あまりよくない。客に受けずとも突っ走る芸は、ひとつまちがえるとひとりよがりの芸になってしまう。

昭和53年(1978年)7月14日　イイノホール(東京落語会229)

☆☆「へっつい幽霊」:ヒゲを生やしたままで登場。

マクラ:「こないだ酔っぱらって都知事に出るっていってえらいめにあっちゃった……芸能部(文化部)ばかりで社会部なし……」

「幽霊の正体見たり枯れ尾花」で入る。

「わかるかな　わかんねんだろうな…へんな古典落語だね、圓生師匠がいやがるわけだ…」

へっついを買ったものが、道具屋にそれを返す件りで、「三木助」をおもわす。

「……道具屋………道具屋…道具屋…」↓TVを見て（昭和53年9月8日放送）

最初の客が夜半に道具屋の戸を叩き、幽霊の件つたえる。その後3円で売れ1円50銭でもどるへっついが何個かあって、急に他のもの売れなくなり、道具屋主人が外から帰るなり、かみさんに「へっついから幽霊が出る」ことをつげる。これはおかしいではないか。

※はじめ数回理由きかずに引きとり、不審に思った末、ようやく客から聴き出す演出でなければならない。

「こんな色したこんなようなもんが……、このほうが楽でいいや」

「使いすぎちゃったなぁ、少しとっときゃよかったなぁ」銀次郎

「ハァ…！スー…！　ウフェー！　ハアーチショー！」熊がスッテンテンになったときの言葉にならない言葉。熊の性格、風体を見事に表現、なぜかヒゲまでいきてくる。

※「金かえせえ」「サラ金みてえな奴だな」

昭和53年（1978年）7月15日　本牧亭（独演会）

「妲己《だっき》のお百」：マクラなし

七代目貞山のはなしを少しする。ヒゲづらで女の表現（無理なところあり）。前半なかばストーリー説明過多、もっとストーリーを簡潔にする必要あり。妲己芸者小さんの毒婦ぶり不足（色気不足も手伝ってなおさら）。深川↓綾瀬の道行で照明徐々に消える。峰吉殺しの場迫真力あり。最後は高座のあかりまで消えて下げる。

昭和53年（1978年）8月30日　東横ホール（東横落語会212）

☆「黄金餅」：マクラ：円高、平等、水、ちょっと長い感じ。

道中づけ（拍手おこる）。照れたのか志ん生のマネ「下谷の山崎町をオー。…ってやると、いかにも大へんそうで、くたびれた感じがするン、オレのはそうじゃねえん、芸の質がちがうんだからしょうがねぇ」

「新作なら下谷を出ましてハイウェイで飯倉へ降りますと」

菜漬けの樽をかつぎながら…「鰻丼も食ってみてえじゃねえか、芝居だってみてえじゃねえか…」

最下層の人間の心情をこう表現したのだとしたら不的確。はいあがることだけをかんがえている人間には「鰻丼」「芝居」以前の状況なのではなかろうか。「毎日腹一杯飯喰いてえじゃねえか、女郎買いでも行ってみてえじゃねぇか」

昭和53年（1978年）8月31日　新宿・末広亭（独演会）

「五人廻し」…『五人廻し』や『付き馬』『居残り』みんなゆんべのはなしだったんだ。あたしゃあんまり女は買わない。少しは買うけどね。カタギ専門でね…」「トルコは最後のトリデにしといたんだ…。トルコへ行って……（いろいろあり）ヤダよ、やらねえよ。あら、あんた変態。変態っていいやがんの。おめえおれ知らねえのか。知らないよ、はじめて来たんだもの……あんまり、おもしろいとこじゃないよ。あんなとこァ、（本題へ）昔は岡場所……」

五人の客ともなんとなく騒がしくて楽しい噺になっていないし、マクラでいってた「失敗（ふられた）のなかに人生がある」の例としては、この高座は不出来。

昭和53年（1978年）8月31日　新宿・末広亭（独演会）

「三軒長屋」：「かしら」のかみさんに台詞の中途に先代小さんのかみさんのことをいう。

ここでモデル問題を考えた。志ん朝は？　小三治は？

声の質がどうしても浪花節調で、三席（一席、時事放談。これも時間に限りなく、しゃべりつづけ、きいていて疲れた。つぎからつぎへと話題をかえるのは、ひとつにしゃべらないと不安であること、ひとつは噺ほどドラマチックではないので客の眼が気になり、もうひとつ盛りあがらず、盛りあげようとあせるため、のびるのだろう）。

↓つねに舞台の洋装の談志は一人称の立場でいうから。

※ことがらは三人称（？）「円高」「平等」

聴きつづけると、寄席は疲労。笑い声にそれがよく聞きとれる。

昭和53年（1978年）9月21日　池袋下席

☆「付き馬」：マクラ：「東欧五ヶ国」から帰っての印象記、東欧小咄。

○ハンガリーへ三年に一度の外国旅行

一人で出ていけば帰って祖国再建。家族といっしょでも帰って再建。自由通航になったら帰らない。一人じゃ再建できぬ。

・

○ブレジネフとカーター。クレムリン前の広場で競走
ブレジネフ負け、翌日のプラウダ「ブレジネフ二位カーターびりから二番目」

○千ルーブルの価値。共産党でなくなったらルーブルの価値失われるよ。千ルーブルなら安いもんだぜ。
「こんなことでもしゃべらないと腹の虫がおさまらない」

「付き馬」の客はじめから「金はまったくない」といってあがる演出。客は翌朝になってもごまかそうとも、かくそうともしない。「君が悪いんじゃない、君が住んでいる世界が悪いんだ」（客がうまに）うまのあわてぶり秀逸。しかし客のサギ師的表現不足、調子者のみサゲの勢い「なかまでうまいってこい!!」素にもどらずいう。

昭和53年（1978年）9月22日　池袋下席

☆☆「子別れ（上）（中）」：マクラ：10分

「人の死というのは荘厳なんです」（小さんのかみさんの最期につきあっていて、その心電図の動きみて）

「ベオグラードで私服でベロベロんになってタクシーにのった。ゴロンゴロン二回転半、かすりきずひとつだけ死なねえもんだよ」

8：40〜9：10　本題

「ふところ、さびしいなあ、さびしぃーい!!」大工の熊五郎の酔った勢いすさまじい。

「ザァーラーラーラー。おらあおこったよ」（女房に居続けのいいわけをしているなかで女郎ののろけをいう）

昭和53年（1978年）9月24日　池袋下席

「権助提灯」：

8：40

マクラ：（放談）

「広島が負けたそうで、腹ン中煮えくりかえってん…」

「渋谷へ落語会があってやってやるってんでいくってえと、車のなかが魚くさい。どうして…、毎朝築地で魚買いにいってん…『反対車』なんだよ、これが」

「ロンドン行って道に迷ったんだ、ホテルの名前ちゃんとおぼえながらあるいていたら、とつぜんちがう看板が目について忘れちゃった、これなんかも『平林』なんだ」

「共産党と天皇陛下、おらあこれがいちばん嫌えなんだ」

8：53

マクラ：悋気について、妾について

9：02〜9：12

「いらっしゃい、あら、お帰りお仕事の」↓現代女性の感覚（妾）

「こんなに気をつかっていただいて　それだけじゃないのよ、あたしぐらい、幸せな女はないとおもうの…」（本妻の心遣いに対して妾がいう）

「…後生だから今晩あちらにとまって…」（手をあわせて）

旦那の表現も新作に登場する男性より現代的

「どうしたのだめよ。困っちゃう」（妾）

「いけません。あれほどいったじゃありませんか」（本妻）
（旦那に無抵抗の過去の女性像ではない）

昭和53年（1978年）9月25日　池袋下席

☆☆「居残り佐平次」‥
8：37
マクラ：放談
大平（元首相）の演説芸「大衆レベルにはなしを落としたら、落としっぱなしなんだからね…。ウー。政治というものはァー。エー。ウー。体にできたウミみたい。なァ。もので…。なんだかわからねえことといってる。そこが福田とちがう。福田は落としてもすぐ戻っちゃう」
「大平の芸は志ん生のような芸」
「金をけいべつするやつ、おらァ大嫌いだ」（「金」をもらうためには、どんなヨイショもするというはなしあり。佐藤元首相に座敷に小さん師匠と共に呼ばれたときのことまでふれ、佐藤、山崎真澄、保利茂〈当時衆院議長〉らの〈幇間とかわらぬ〉ヨイショ、低姿勢、ひくつさをいう）

8：47
マクラ：「『初日』に『付き馬』をやったんだが、こらァ、悪い奴、相当悪い奴が出てくる。これよりもっと悪いのが佐平次っていう奴で……」
「居残り馴れてん、居残り馴れ」（「あたしァ居残り好きなァ」の言葉は出ず）
9：18
妓夫太郎の代金の催促に対し、佐平次言葉にならぬ擬音語多発。擬態ひんぱん。

昭和53年（1978年）9月26日　池袋下席

☆☆「山崎屋（上）」：
8：36
放談：「池袋の演芸場にくるには、鉄の意志がいる」
「今はテレビが庶民のハケロ。といっても庶民でもなんでもないんだな。みんな金もってる」「テレビは父ちゃんのものにしときゃいんだ『父ちゃんが秋葉原で買ってきたんだ』っていって。でもそうじゃねえから、父ちゃんかわいそうだよ。どこへ行っていいかわかんない。アメリカみたく夫婦で人を家に呼ばないだろ。かといってバーで接待しりゃ、『なにやってたんだよ、父ちゃん』てなる」

8：52〜9：11　本題
おいらんの声を擬して若旦那が鼻声で「あァーたァーしが好い（酸い）ているからうめぼしだ」若旦那のだらしなさはよくでているが、のほほんとした二代目の道楽者の感じが不足。
おいらんの言葉づかいなど現代女性「よかちょろ」のところでサゲず、番頭の色事（妾をかこっていること）を露見させる若旦那のせりふにつづける。これによって、日本橋の大店山崎屋の身上（財産）を若旦那と番頭が食いつぶすすごさもでてるし、冒頭の旦那とのやりとりでの番頭のぬけめなさも活きてくる。

昭和53年（1978年）9月27日　池袋下席

☆☆☆「品川心中」：
8：30
放談：「昼寝してノド痛めちゃって…。昼まで寝てられるから噺家になったんで、夜仕事が出来るのは噺家か泥棒だけど、泥棒なるわけにゆかないので……。泥棒がいってたって『おまえは罪の意識が欠けてる』って…」
「たとえば女のとこで昼すぎまで寝てて、夜寄席に上がって『談志はうまいねぇ、もうこれほどの噺家は出ねんじゃねえか』っていわれりァ、これほど…」といったとこで、客席から「誰もいやしねえよ」の声。

談志「いうわけねえという前提でいってるのに、そのシャレがわかんない客がいる」→「当人」としての談志を褒めてみせるから客の反感をかう。「当人」としての客を目のまえでひぼうするから客が怒る。

客（人間）は金銭より善意と正義と良心を欲する。

客が談志に嫉妬する。

ロッキードのわいろの質問

「自分にその金がまわってこないから怒ってるだけだ」

客から「議員として不正に対して怒らないのか」

※ここで「野ざらし」の声かかる。

談志「『野ざらし』ねえ、ずいぶん演ってない。人形町の末広でやったとき、前半柳枝、後半を柳好でやったら、客にうけてね。喜んでた」

8：33

品川の新宿に城木屋という…。

※なぜか痴楽のマネと痴楽の落語批判少々入る。

「いちばん金ちゃんにわがままがいいたかったの。ずいぶんつらいことしたけど金ちゃんごめんね」
「やろう（お染）死ぬ気もなんにもないんだ。話のつごうでそうなっただけなんだ」（ストーリーテラーの立場で）→圓生（お染が飛びこむのをやめたら）「しどいやつがあったもんで」談志（他人の立場ならお染を責めるが、自分だったらやはり飛びこまねえだろといった感慨をにおわす）
「金ちゃんねえあがってよ、あがってかない？」（お染）
海から上がった金蔵が親分の家へ。暗闇のなかから出た金蔵の顔のとき拍手おこる。テンポよくサゲまでもっていく。
9：04

昭和53年（1978年）9月28日　イイノホール（にっかん飛切落語会）

☆☆「粗忽長屋」：談志のいう「主観長屋」つまり、粗忽ではないおもいこみのはげしい男のエピソードとして噺が出来上がっている。新しい解釈（旧来は粗忽者の行状）というより、これで真に人間的な「粗忽長屋」が誕生したといってよい。
そのかわり、おもいこみのはげしさ、一途のおもいこみは間《ま》が入ったら崩れる危険が大なので、よほど気が入っているときでないと成功しない。粗忽なら、のんびりと演ってもできないことはない。
※当人というものは、思い知ることがない存在である。「当人論」（山本夏彦『二流の愉しみ』）

昭和53年（1978年）9月29日　池袋下席
☆「木乃伊取り」：あいかわらず飯炊きの権助（勢蔵）の表現が抜きんでている。建前というか人の道をまっすぐ実直に行こうとする人間がひょんなことがきっかけで遊びの世界へ堕ちこんでいってしまう。人間の弱い、しかし、愛すべきさまを見事に表現。
この噺に出てくる若旦那、番頭は「よかちょろ」のそれに似る。談志の「明烏」の若旦那は似つかわしくないが、すでに放蕩した若旦那はじつにうまい。

昭和53年（1978年）10月4日　新宿末広上席
「粗忽長屋」：ギャグ：「二番目にかわいそうなのが安寿と厨子王。三番目がマッチ売りの少女」

気合不足の出来（客席がゆるんでいてスパークせず）。というより、談志がこの席でこれほどやるとおもわないうちにグイグイ噺を進めたのに乗り切れなかった感じ。

昭和53年（1978年）10月6日　新宿厚生年金小ホール（談志・圓楽競演会）

「鉄拐」…マクラほとんどぶらずに本題。

「支那のヨコマチに上海屋藤右衛門…、九月三十日は余興大会…」手代の金兵衛、珍らしい余興を見つけるため旅にでる。

「こんな不安定な落語きいたことねえだろ」（口からはきだした小さな黒いつぶ。もうひとりの鉄拐をひょいと再びのみこむ仕草して）

「一身分体」「自然主義の権化、ディオゲネスの再来、ヒッピーの神様」寄席出演→弟子をとる、やっかい、もっかい、しじみっかい。

「（上「大ホール」見あげて）うるせえな、メキシコの踊りやってやら。上で地団駄踏んでやら」

サゲ「酔ってる客で席がめっちゃくちゃになって。みると李白と陶淵明だった」

昭和53年（1978年）10月6日　新宿厚生年金小ホール（談志・圓楽競演会）

☆「子別れ（上・中）上・8：45～9：07　中・9：07～9：21」：マクラ：東欧四ヶ国。
「命がけ、最善をつくすの大きらい。ついでに生きてるのがいい」

「これが最後の高座になるかもしれない」（シャレでいうにも、いえるだけの度胸がないとこのことば出ない）

（中）マクラ：「怠惰の世界、フランス語でアンニュイ」

ギャグ：「外でたら八人の敵がいるんだ」「それをいうなら七人だろ」「時代《じでえ》だよ、なんでも新しくなってんだ」

勢いのある大工の態「でてけ、でてけ、でてけ」（子別れの下の物わかりのよい態を想像できない）

昭和53年（1978年）10月11日　東宝名人会

「出」で客席より「総理大臣！」の声、高座でズッコケル。はなしはじめてもヤジ止まらず。

「なにかいうといいかえすからやりにくくてしょうがない。小さんの代演ということで、オレならいつでもスッポかせる」「小さんの代演。電話で小さんが切腹するっていうから、あたしが一生懸命やりますから切腹することないです。いまうちで一服してる…えー、一生けん命やります…」

「やめちまえ」（足をまえに投げだした客）

「…」（談志とつぜん高座をあとにする）

客席アッケにとられてるうち、太鼓が二度意味なく鳴って、やや間があり、幕がしまって明かりがついて休憩を告げるアナウンス。ドアが開く。

昭和53年（1978年）10月12日　上野鈴本

「勘定板」：マクラ：東欧四ヶ国、平等。

「日本は豊か、こないだ銀座の乞食がアル中になったって。昔はアル中が乞食になって死んだもんだ」

大阪、沖縄の事件についてふれる（もちろんギャグで）。それに対し、ひときわ高い声で笑う客あり。

「お客は古いキズ喜ぶね…。またひとつお願いします（選挙のときは）こうやってればいいんだな（下手を見ながら、昨日のことがあるので）」

昭和53年（1978年）10月21日　池袋下席

☆☆「蜀山人《しょくさんじん》」：〈出〉「日本一！」「政務次官!!」の声。

談志「上がるまえに支配人からくれぐれもケンカしないように……」

中途、野次が小刻みに入り、ヤル気失いかけ、「千早ふる」を猛スピードで一席。

「こうやってやりゃァいいんだろうがおれにはできない」本題に入っても少々トチリアリ。テンポもいまひとついつものようでない（速射砲の味なし）。

昭和53年（1978年）10月21日　末広下席

「蜀山人」：

8：40～8：45

マクラ

8：45～8：57

「一休、曽呂利《そろり》、蜀山人」

テンポよし、池袋は口試し、口ならし。

「弟子ァみんな馬鹿で（楽屋に向かって…噺なれのセリフ）」

「三日月のころより待ちし今宵かな　芭蕉」（満月の晩、田舎での座にかわり）

昭和53年（1978年）10月24日　末広下席

「山号寺号」：
8：50〜8：59　マクラ
8：59〜9：02　本題
マクラ：「上がるまえに支配人からくれぐれも客とケンカをしないように…」
「オレだったら談志客を教育す。とても書くのに新聞はみな、あの談志がまたと、みんな悪く書く…」
客が笑うタイミングをまちがえると「常連が笑ったあとで笑えって言ったろ…」
（寄席のなかだけで許されるいい方。このまま活字にしても誤解受けるだけ）
「このあと志ん朝が二時間たっぷりやるから、『子別れ』の上中下から『らくだ』入って『芝浜』でサゲる。だからあんまりうまくやると邪魔ンなるんで、きょうはヘタにやる『山号寺号』ってはなしやるから、サゲ先言っとくからね。円鏡と同じに…一目散随徳寺ったら南無三仕損じ。これがオチいいかい……。…薬屋さん、パンシロンG、古典落語だよ（自虐的に）カリフォルニア産オレンジ、いまもめてんだ…」

昭和53年（1978年）10月25日　末広下席

「山号寺号」：

8：30〜8：43

マクラ：「上田監督」

〜とかけて〜ととく。回文「だんしがしんだ」

「おや一八かい」（一八と旦那の会話で山号寺号）

「浅草寺」「観音様」で論争、「ひとつみつけると一円だ。ないとチョン！」

「車屋さん広小路、おかみさんふきそうじ、そばやさん玉子とじ、とこやさん耳そうじ、肉屋さんソーセージ、時計屋さんいま何時、薬屋さんパンシロンG。古典落語だよ、円鏡の落語だとおもえばいいだろ。電気屋さん電子レンジ、高島屋さん左団次、美濃部さん都知事、若旦那さんやな感じ、一目散随徳寺、南無三仕損じ」

昭和53年（1978年）11月6日　鈴本上席

「姫かたり」：マクラ：歳の市風景。

俗謡「両国」の一部をスラスラと朗読して本題へ…。内容大したことなし。

昭和53年（1978年）11月11日　末広中席

☆☆「富久」：
9：08〜9：40
「なんのかんのいいましても　いい世の中でしてね」総裁選、etc。

「池之端文化センターで忘年会やったらいいんじゃない『忘年会、コレラに挑戦!!』」

「いまじゃァ寒くねえんだもの。どこもそこも暖かくて、こんど寒いはなしやるとき、まわりの戸ォあけっぱなしでやろうかな。食物のはなしのとき、朝からなにもくわねぇできてもらって…」

9：15〜9：40
「そこィいくの久さんじゃないかい」

見舞客への応待、最小限にトドめる。

緊張、クスグリ（笑い）、緊張　クスグリ
「千両で十両なら、あたし欲ばってないでしょ。ね、欲ばってないね」

「しょうがねえなぁ、あの人はおかしくなっちゃった」

「千両当たったんじゃねぇか…おれ」

昭和53年（1978年）11月12日　末広中席

☆☆「鼠穴」：9：01〜9：29

「カゼひいちゃってね、池之端通ってきたからコレラにかかったかな…」

「出」のところで最前列あたりからカケ声（おもわしくない）。

マクラの漫談そこそこにいきなり本題へ。噺にすぐ入ることでヤジを押さえつけ説き伏せてしまおうとする姿勢がありあり。

三文と二両を返しにくる件り説得力あり。

夢のなかで三つの蔵が焼けおちる件り迫真力あり。

身売りを自ら申してる娘のセリフになんともいえぬ幼児の色気とけなげさが出た。

「お女郎さんなるまえにお父っつあんがむかえにくればいいんでしょ」

昭和53年（1978年）11月12日　末広中席

☆☆☆「らくだ」：9：08〜9：48

「カゼをこじらせましてねェ…コレラよりいいとおもって…」

「芸人がね、あんまり健康でね、吸物の宣伝するようじゃいけない…」

「まあ、どおってこともないんですが…これから2時間半ほどしゃべるから、今日は気が向いたから『らくだ』てェ噺やる。春先のはなしだけど年一ぺんくれェしかやんない。おもいだしながらやるン」

「らくだってえ見せ物が江戸に入ってきたとき、大へんだったそうです…」

序は説明過剰（森繁・越路）自分にエンジンをかける（ヤジ飛ばす客も帰る客もなし。いい雰囲気できあがる）

以後、メモとる余裕ないほど見事な出来。談志の財産を分けてもらったような気がした。


昭和53年（1978年）11月15日　木馬亭

☆「粗忽長屋」：気負いすぎの感あり。当然うけるべきところでもうひとつ反応がないので、噺に力みが生じた。

昭和53年（1978年）11月16日　末広中席

☆「黄金餅」‥

9：01〜9：30

「うーん、どうも調子がよくない。カゼひいて、いんこう炎で、蓄のう症で…」

（顔あげるなり）

中国、天皇のはなし「二年間ぐらい天皇を空白にして投票したらいい。そいで必要ならそれでいいし…」

客「落語家二年間いなくすんべェ」

「落語家二年…、わかんねェことといわれてもしょうがねェ」（談志、困惑の表情、あきらかにボルテージ下がる）

9：12〜

「下谷の山崎町に…いまの万年町…」

「金山寺みそっていってもわかるかなァ、わかんねェだろうなァ、シャバァヤァ…アレ、もう落ちぶれちゃったな…」

死骸を焼場に運ぶ途中で「芝居」「鰻」「生焼け！ミディアムレアーぐらいにしとけ!!」

昭和53年（1978年）11月19日　末広中席

☆☆「兵庫舟」：

9：13〜9：36

「ようこそいらっしゃいました、カゼェ引きまして…」

「まあ、落語てェやつは大したもんじゃない」

9：25〜

「東海道…」講釈に入ってリズミカル、ナンセンスなストーリー展開

昭和53年（1978年）12月12日　池袋中席

「饅頭怖い」：出てくるなり「そこにいるのは誰」のヤジ。このひとことでメチャクチャ…。

「芝浜」→「宿屋の仇討」→「饅頭怖い」

饅頭をほおばりながら「これだから池袋来なきゃよかったんだ。浅草で、そのまま帰ればよかったン」

昭和53年（1978年）12月13日　池袋中席

☆☆「芝浜」：
8：25～9：03
「出」のまえに客席の雰囲気出来あがってしまう。仕切りでいえば、客席が相撲の荒勢のように尻をふりながらつっかけようとする感じ。談志それを感じてまくらも早々に「芝浜」へ。
エンジンが不完全燃焼のままスタートの感じ。女房の涙の件り、哀のトーンで湿潤さ帯びる。志ん朝の乾いた感じと対照的。
女房が酒をすすめるところで「今日はべろべろンなっちゃい」のセリフ。志ん生流ラスト五分の盛りあげあとほんの少し、80点の出来。

昭和53年（1978年）12月15日　池袋中席

「首提灯」：声の調子悪く、体調もよくないようす。出来はそつなし。

昭和53年（1978年）12月16日　本牧亭（談志独演会）

「漫才」：リーガル千太と、千太・万吉スタイルを復元。

千太と〈間〉のとりあいのおかしさ。

昭和53年（1978年）12月16日　本牧亭（談志独演会）

「姫かたり」：そつのない出来。談志流にまだなりきらず。マクラでスティング風の「姫かたり」考案中という。

昭和53年（1978年）12月16日　本牧亭（談志独演会）

「火事息子」：体調がわるいわりにそつがない。しかし、なにより迫力に欠ける。

昭和53年（1978年）12月17日　池袋中席

「六尺棒」：人情噺ができぬ体調であること訴え、軽い「六尺棒」を。弱きな高座になっている。

昭和53年（1978年）12月19日　池袋中席

「ずっこけ」：もうひとつ酔っ払いの迫力なし。体調のせい？

昭和53年（1978年）12月21日　イイノホール（にっかん飛切落語会）

「富久」：最近のうちでは出来のいいほう。後半のヤマ場　説得力あり。

昭和53年（1978年）12月24日　上野・鈴本（談志独演会）

「付き馬」：客がはじめから付き馬（妓夫太郎）をだますことがミエミエ。調子がよすぎるし、いいかげんさが悪いほうにでてる。志ん朝は早桶屋までダマすのかそうじゃないのかがよくわからない。客の調子のよさと、悪企みを見破られないようとする策略の演出表現がいい。

昭和53年（1978年）12月24日　上野・鈴本（談志独演会）

「芝浜」：談志は本当に「芝浜」に惚れているのか。四十二両の扱い（拾ったときと三年後の処理もう一工夫あってよし）。

※働かなくなった魚勝までが落語なのではないか。酒やめました一生懸命働きましたで人間がよくなるのであれば、あえて落語のスタイルをとらなくていいはずではなかろうか。

昭和53年（1978年）12月27日　本牧亭（NHK・VTRどり）

「羽団扇」：そつのない出来。18分の放送時間にうまくまとめる。

昭和53年（1978年）12月28日　東横ホール（東横落語会）

☆☆「文七元結」：後半のだるま横丁の長兵衛宅にて、長兵衛が五十両うけとる件、従来は建前をとおしてから受けとったが、このときは建前をとおすまでもなく、天を仰いでから素直に「これで助かる」と受けとるとこに新鮮さ。

古今亭志ん朝・高座メモ

ここで「古今亭志ん朝」の高座メモにも少し触れておきたい。昭和五十一年九月二十三日、青山の「VAN99ホール」で開かれた「志ん朝」のひとり会で、一席目に「搗屋幸兵衛《つきやこうべえ》」を演《や》ったあと、再び高座に上がると、客席から「三枚起請《さんまいきしょう》」「黄金餅《こがねもち》」「火焔太鼓《かえんだいこ》」「愛宕山《あたごやま》」「寝床《ねどこ》」「唐茄子屋政談《とうなすやせいだん》」「お直《なお》し」「品川心中《しながわしんじゅう》」と立て続けに声がかかった。すると、志ん朝はおもむろに「おやじ（志ん生）から、いまは離れたい。そして、黒門町（文楽）に非常に魅かれている」と答えた。これはとても重要な発言と考え、これを機会に、談志同様丁寧に高座を聴くようになった。同じ九月から千石の「三百人劇場」で志ん朝の独演会が始まり、これを欠かさず聴きに出かけながら、寄席の十日間の定席に出る志ん朝も追いかけた。

五十一年十二月の第一回「志ん朝独演会」では「富久《とみきゅう》」と「抜《ぬ》け雀《すずめ》」の二席をかけ、とりわけ「富久」はすでに完成の域に入った出来栄えで、それは志ん生型の継承だけでなく、それに文楽の「十八番《おはこ》」の演出を加えた新しいヴァージョンの高座で約五十分の大熱演だった。

この「三百人劇場」での独演会で、最も忘れ難いのは五十三年四月六日、第七回の「柳田格之進《やなぎだかくのしん》」と「愛宕山」の二席の晩。「柳田格之進」は人情噺の魅力がたっぷり、「愛宕山」は随所に文楽を超える新しい工夫が溢れ、その見事な出来栄えに客席が心地よく酔った。こんな奇蹟のような「独演会」は、これ以前にも以後にもない。このころ、志ん朝も絶好調だったのだ。

五十三年十月には新宿の末広亭の下席のトリ（主任）で高座に上がった。初日の二十一日「宿屋の富《やどやとみ》」二十二日「品川心中」（この晩は目黒の若手寄席との掛け持ちで、末広の前に上がった若手寄席では「紙入れ《かみぃ》」を演ったが、客がわずかに十五人、これではいくら志ん朝といえども、高座は熱っぽくならなかった）二十四日「厩火事《うまやかじ》」二十五日「黄金餅」二十六日「火焔太鼓」二十九日「紙入れ」楽日の三十日は「妾馬《めかんま》」と全力投球、さらに三十一日の余一会では「志ん朝廓噺《くるわばなし》の会」として、「坊主の遊び《ぼうずあそ》」「三枚起請」「付き馬《つんま》」の三席、連日の高座は、桂文楽に傾倒しての完璧主義者ぶりをいかんなく発揮してみせた。談志の落語は毎日聴きたいと思わないが、志ん朝の落語は毎日聴いていたいと思ったのが当時の私の本音だった。いまにして思うと、落語協会の分裂騒動があった前の談志、志ん朝の高座はこんなに楽しく、面白かったのだ。

［第四章］天才落語家とその素顔に魅せられて

対談

×

対談は談志師匠の行きつけ、
上野の「伊豆榮」で行われた

撮影：伊藤 均

一　天才落語家を偲ぶ

山本益博（以下「山」）：まずはじめに言いたいんですけど、談志さんが亡くなってから突然みんなが神格化して、二、三年前ほとんど高座に上がらないころから、天才だ、神様だと言っているけど、ほんとにちゃんと聴いていたんですか？　もっと丁寧に聴いてほしかった落語家なのに、なんていうか、きちんと聴いてない人が最後になって一回、二回聴いてそう言ってる人が多いんじゃないですか？　というようなところをきちんと検証しなければと……。僕だって、大昔からそんなに聴いてるわけじゃありませんが、でも四十年くらい前から聴いてましたから。

元木昌彦（以下「元」）：私は大学生のときからですから、半世紀近くになる。

山：あのノート（第三章の「落語ノート昭和五十一〜五十三年」）が、今、生きると思わなかったです。

元：すごい克明にメモをとってますね。

山：見ていただけました？　お客とのやりとりのところ、あんなことをメモしている人いないと思うんです。本題に入ってから書くのはあるだろうけれど。でも、本題に入る前のあそこが談志さんの真骨頂です……。ただ僕がほんとに本を書いていいのかっていうね、責任者でいいのかと未だにもやもやしてるんです。僕よりもっと聴いてた人がたくさんいるし、途中ちょっと休憩してますから。元木さんが薦めてくださったのはとてもありがたかったんですけども。

元：以前から松岡由雄さん（談志さんの弟）と談志さんの落語についての本をやるならぜひ山本さんに書いてほしいと話していた。今回この企画（本書）をやると松岡さんに話したら「ぜひ読みたいし、一つ聞いてほしいことがある」と。「途中、談志は十分聴いたと言って、談志を離れたのはいったいどういう理由だったのかということを聞いてほしい」と頼まれました。それはぜひ私も聞きたいと思ってます。

山：そこらへんも全部しゃべらないといけないですね。実をいうと、談志師匠が亡くなったとき新聞にたくさん弔辞が出たじゃないですか。でも、こんな弔辞じゃかわいそうだなというのが二つも三つもありました。はっきり言うと、朝日新聞の小三治師匠と、それから……、演芸評論家の矢野誠一さんの弔辞を読みました。正直がっかりしました。悼む気持が伝わってこない。

僕は、弔辞は、談志師匠のことを偲んだエピソードというか、人柄が出るようなことを書かないと申し訳ないなと思っていた。松岡さん（弟さん）もそう思ったらしいんですね。

「どうして、新聞社が山本さんに弔辞を頼まないのかなァ」と。でも頼むわけないですよ。僕が落語をいまでも現役で聴いてるというふうに新聞社の人は思っていないから。

元：すばらしい落語評論を書いていますが、しばらく時間が空いたということもあるからね。

山：それで僕は自分のブログに〝立川談志はこんな素敵な落語家だった〟という話を弔辞のつもりで書いたらたくさんの人が読んでくださって、あぁ、そんなに心の優しい人だったのと。心の優しいところが、談志さんの素敵なところなんだけれど、実は表に向かって自分を表現してるのとまったく違う人だったんですよね。つまりテレビに出てなにか発言した結果、結局、テレビに出てる部分だけで判断をされて、談志師匠はおおいに誤解されていたフシがありますね。

落語だけで勝負していてとても凄かったんですけど、落語だけの枠におさまらない。社会的現象じゃないけれども、テレビにまで出ていって誤解をされるというか……。自分に正直な人だったからそういうふうになってしまう。そういうところを、弔辞の中でそうじゃないよ、と書く人がいたらいいのになと思っていました。僕が書いた弔辞は、僕の個人的なエピソードなんですが、こういう落語を聴いたときに、こんな感じだったという落語の具体的な例をあげながら書いたんです。たとえば、「富久」の噺を書きました。自分の会では、終わったら談志師匠は高座の幕を下ろさせずに、出来栄えを批評するじゃないですか。国立演芸場でのひとり会でしたけど、「非常にいい出来だった」と。ああ、久しぶりに「富久」のいいものを聴いたなと思ったら、談志師匠が最後に一言「今日は、久蔵に富が当たって本当によかったと思います」と言ったんです。えー？　だって誰がやっても当たる噺ですよね！

元：富札を入れておいた大神宮さまのお宮が焼けてしまったと悲嘆に暮れる幇間の久蔵が、大神宮さまを運び出しておいたと鳶の頭に言われて狂喜する姿を演じて鬼気迫るものがありました。どうやっても当たるんですがね。

山：そういう噺ですよね？　でも、談志師匠は「今日は久蔵に富が当たって本当によかったと思います」と言ったんです。ジーンときました。それで楽屋にまわって師匠に「なんで終わったあと、『今日は久蔵に千両富が当たって本当によかったと思います』って言ったんですか？」って聞いたら、「やってて出来がいいときは登場人物を操っている自分が後ろにいるんです」と。で、「今日の出来はやってる最中にあまりにも久蔵が悲惨な目に遇ってて、こいつにやっぱり、千両を当てさせてあげたいなって気持ちに、後ろにいる自分が思ったんで、そういうふうに言った」と言うんですよ。すごくいいときには、自分と登場人物がちゃんと二重構造で高座でやれてるんですって。それを聞いたときに、ただ高座で落語を聴いてるだけじゃだめで、ああ、落語とはそういうふうに冷めている芸能なんだな、と思いました。冷めていながら、すごく熱い思いが伝わってくるじゃないですか。「当てさせてあげたい」と言うけれど、だれが噺をやっても当たるのに、談志師匠はそういう熱い思いをもっていた落語家だったんじゃないかという例です。

―天才たる所以は批評家談志の凄さ

元：師匠は、常に演じてる自分を見てる自分がいて、こうやったほうがいいよ、こうなんじゃないのと意識して演じていましたね。それと二〇〇七年十二月十八日「よみうりホール」の「芝浜」のように、ミューズの神が降りてきて、演じ終わって、全身全霊をかけた虚脱感で〝ハァー〟というときがある。それと、いまおっしゃったように、終わって幕を下げないで、そこで言うひと言がまた楽しみでした。

山：落語家の談志も凄いんですが、批評家の談志が同じくらい凄いっていうのが、談志師匠のほんとに凄いところです。〝ミューズが降りた〟って本人が言って、それはとてもよかったと思います。さらに二年ぐらい前の非常にいい出来だったと思う「芝浜」を、同じよみうりホールで聴いているんです。だけど、談志師匠の「芝浜」があんなに磨かれて他の人と違う境地になったのは、最後の場面の、勝さんのおかみさんがどんどん膨らんできたところでしょうね。

元：そうですね。

山：今までたんにとてもモダンなおかみさんだった。現代に生きてるおかみさんだったのが、ものすごく勝さんに惚れていて、自分もだましてて申し訳なかったという気持ちが溢れてくる。その場面がだんだん膨らんできましたよね。それで他の人の「芝浜」と違ってくる。僕も談志師匠がやるのは、あまりにも善人の噺で、落語に向いてないと思いながらサゲがほんとにあれでいいのかと。勝さんがお酒をついでもらって、しばし考えて「また夢になるといけねェ」って本人が言います。でも、僕はおかみさんに言わせるべきだと。飲もうかどうしようかなと思ったときに、おかみさんが、「また夢になるといけないのかい？」とサゲたら、談志の「芝浜」になったんではないかと。

元：ほんとうですね。あの部分がどんどん変わっていきました。

山：そう、膨らんでいった……。だから最後は、おかみさんの台詞でサゲたら談志の

「芝浜」が完結したんじゃないですか。そういう「芝浜」を聴きたかった。だからあれはもう十分に「神が降りてきた」と言ってもいい内容です……。
元：そこまでいきかけましたね。
山：そう、いきかけた。
元：あのおかみさんのほうが、お酒をついで「飲みなさい、私も飲もう」
山：そう、「ベロベロになっちゃぇ」と。
元：あれがね、談志師匠がたどりついた「芝浜」です。
山：それだったら、サゲを本人が「また夢になるといけねェ」って冷めて言うんじゃなくて、「また夢になるといけないのかい？」って飲んだか飲まないのかわからないようにするというのが、談志の「芝浜」だったんじゃないか。それを言ってあげるのが談志さんに対する愛情じゃないですか。
元：それを談志さんに言わなかったの？
山：言えなかった。伝えようと思ったときには、もう立ち上がれなかったときだから。みんながあの「芝浜」に酔っていて、ミューズが降りたと本人が言ったんだからいいと思ったんだけど、あれで終わりじゃないと僕は思いました。談志をほんとに愛する一人として、あそこで終わらせちゃったら、談志の「芝浜」は完結してない（笑）。

というような、ちょっと生意気なことを書いた弔辞だったんです。どうですか？　そういうサゲは？　僕はそれが談志師匠に対する本当の敬意の表しかたと、やっぱり敬愛した芸人が亡くなったときに餞《はなむけ》の言葉として、「全部がよかったよかった、天才です、名人です」というだけではないほうが、談志さんにはふさわしいのではないかと思います。

元：そのサゲは、志の輔か談春か誰かがやらないかな。あの噺だと志らくではないなァ。談春だな。

山：談春さんでも談四楼さんでも誰でもいいです。談志の「芝浜」を継ごうと思った人であれば……。

談志の「文七元結」をめぐって

山：そのついでで言いますと「文七元結」があります。談志師匠の「文七元結」。これが僕が談志師匠と初めて会うきっかけだったんです。朝日新聞に「寄席だより」というのを二十代の後半から書かせていただいた。その中で、紀伊國屋寄席でやった「文七」がすばらしかったと書いたんです。どこがすばらしいかっていうと、文七に金をやろうかやるまいか、どういうふうに説得しようかと逡巡する長兵衛が、江戸っ子じゃないんですね。ほんとに人間そのものが、ある窮地に追い込まれたときに、最後にお金をやるとかやらないとか頭の中でわからなくなって、ここの現実、現場から逃げ出すには、とにかくお金を投げつけていなくなるしか自分がいたたまれないと思って投げつけるというのが、談志師匠の新しい解釈だと思ったんです。

談志さんは、「江戸っ子の美学をやるようで俺はあんまり好きじゃないんだ」と言いながら、やってる内容は誰よりもすごくリアルで、よかったんですよね。そのことを書いたら、談志師匠が喜んでくださったみたいで、間をとってくださった方が引き合わせてくださった。それでどこかの独演会が終わったあと間に入った芝清之《しばきよし》さんという浪曲研究家で落語も批評される方に、引き合わせてもらったんです。談志師匠は着替えてジーンズになったところで、楽屋で畳に座っていた。僕が立って入っていくと、畳に頭をすりつけるようにしてお辞儀したんですよね。僕は、それでいっぺんに好きになってしまいました。こんなにお辞儀の丁寧な落語家がいるのかと思って。談志師匠は高座に出てきてもお辞儀がきれいでした。

元：昔、寄席に行ったとき、出てくる噺家たちのお辞儀がきれいなのに感動したと言ってます。その影響できれいなお辞儀をするようになった。

山：本当に丁寧できれいですよね。

元：弟子にも「お辞儀だけは丁寧にしろ」と教えてたみたいですね。

山：お辞儀を見ると、その人の気持ち、性根が全部出ている。それが好きで、談志師匠の「文七元結」は機会があるたび聴きました。時間をはかって聴いていると、文七を説得するときの時間がいつも違うんです。五分ぐらいでお金やっちゃうときと、五分かかってもまだ口説いてるときと、そのときの気持ちが自分も追い込まれないとお金を投げつけるまでいかないんですね。それで、ようやく投げつけて逃げるようにして帰ります。

文七が戻ったら五十両が戻ってるじゃないかってことで、えらい騒ぎになって、ようやく理由がわかって、だるま横丁にみんなが行くと、「長兵衛親方のお家はどこでしょうか？」と。「行ったらわかりますか？」と言うと、「昨日から夜っぴて、けんかしてるから」。そこで場面転換になって、そこに現れたときにけんかのやり取りがほんの少しあるんですが、夫婦が疲れてないんですよ。これが問題です。昨日から夜っぴて同じことを繰り返してるという、あきれ果てるくらいくたびれている長兵衛親方じゃないんですよ。今、けんかが始まったばっかりっていうくらいに威勢がいいんです。だから談志師匠に伝えたことあるんです。『昨日から何度も言ってるだろう。五十両はやった金なんで、ばくちですっちまった金じゃねえんだ』というようなことを、夜っぴて言ってるうちにくたびれはてちゃって、夫婦げんかしながらお互いが疲労困憊してるという感じが出ないと、せっかくそれまであった内容が、ないですよ」と僕が言うと、「そうだなあ」と言ったんですよ。「そうだなあ」と言ったあと文七がまた聴けなかった。本人がきっとそこをやってくれたのに違いないのに。誰の演出でもやってないでしょう?

芝居の段取りで、夫婦げんかを夜っぴてやっていたというだけで終わってる。あまり疲れた感じは、僕が聴いてる限りない……。ないでしょう?

談志師匠だったらあそこやったら面白かったなぁって思って。それは生意気だけど師匠に伝えたことがあるんです。そしたら「そうだなあ」って。あれがあると長兵衛親方の根が真面目なのと、間違ったことはやってねぇよと、でもおかみさんはそれを信用しないよという……。

元：夜っぴて大げんかしてたわけですからね。

山：そこのとこに文七とお久が現れると、とてもドラマチックじゃないですか。やっぱりそうだったのかとなって、お客さんが聴いてて喜ぶ。

元：「芝浜」でも、浜で四十二両拾って、その晩仲間を集めてドンチャン騒ぎするわけです。でも拾ったのが夢で盛大に飲み食いしたのは夢じゃない？　呼ばれた連中がいるわけだから、そのうち勝もおかしいなと気づいたんじゃないか。だけどあれは勝の優しさで、カミさんの野郎と思ったけど、オレのためを思ってウソをついたんだと許していたんじゃないか。そうした思いが大晦日の場面につながっていくという解釈もあるのではないでしょうか。

山：そうです。だから「芝浜」は未完成です。あれを神格化、神が降りたなんていうふうにそこで終わらせちゃいけないです。

元：そういうことを含めて談志さんっていうのはいろんなことに挑戦してきた……。

山：天才だからこそ。死んでから天才って言ったら遅いんですよ。早くから言いなさいと。

元：自分で「天災」だと言ってた。

山：天の災いと、自分から言ってましたね。

元：突然変異の化物だとも言っていたけど、たしかにそういうところはあった。

山：この四十年間、僕はほんとにいろんないいものを聴かせてもらいました。途中ブランクはありますけど。談志さんの噺でとても残念だったのは、その「芝浜」のサゲを変える、「文七元結」の夫婦げんかで疲れ果ててる姿、もう一つが「大工調べ」。

実をいうと、学生時代に一番先に聴いた談志さんの高座が、新宿末広で聴いた「大工調べ」だったんです。与太郎がものすごくモダンな演出だったんです。ただバカで間抜けでというんじゃなくて、これはすばらしいと思った。

それについて以前、僕は原稿を書きました。でも『人生、成り行き―談志一代記―』の吉川潮さんとの対談で師匠が言ってます。「大工調べ」で棟梁《とうりょう》が道具箱を取り返しに大家のところに駆け込みに行くと、すごく正論をぶつけて、道具箱をなんとか取り返したときに、「与太、お前もいってやれ」って言うじゃないですか。そのときに、与太が大家の味方になっちゃうんですって。「棟梁それちょっとおかしいよ」って言い出しちゃったっていう。「だから最近はやってる最中でも落語が変わっちまうんだ」と言ってるんです。その「大工調べ」を聴きたかったなぁっていう気持ちがいつまでもあるんです。だってそれは談志師匠しかできないんですから。

落語をやっていながら、自分が矛盾に気がついたところを、ある瞬間、高座の中でも直してしまえる天才でした。だから型が決まってて、ストーリーを絶対守ってサゲまで持ってかなきゃいけないなんて、そういうのだけが落語じゃないということを、初めて示してくれた人じゃないか。談志師匠はそういう人ですよね。

談志の一番の高座

元：益博さんの書いたものを読んでいたら、高座で談志さんが噺に入ろうとするんだけど、いろいろ考えて逡巡して、なにをやるか決まらないというところがあります。

山：あれは凄かった。

元：私も師匠の高座は相当見てるけど、あそこまでのはないですね。

山：僕が生涯聴いた中で、どれが一番かといったら、あの高座です。実は自分のひとり会なのに談志師匠は遅刻してきたんです。一時間以上遅刻して、ずーっとみんながつないでいたんです。弟子たちがつないでるところにジーンズ姿で出てきて、今きたところだから、これから幕間にして、中入りにしてやるからと。

それから出てきたんだけど、なんか愚痴をこぼしてるんですね。面白くないことがあったから、ほんとは今日落語をやりたくないような感じなんです。みんな「芝浜」とか「鼠穴」とか、ひとり会だから声をかけるんです。一番厳しいお客さんがそこの三百人にいるんですよ。

するとぼそぼそ言いながら、「おっかぁ、いま帰《けえ》ったぁ」って「文七元結」に入るんですよ。「おっかぁいま帰った」の一言で、「ああ、だめだ」って言うんですよ。普通の落語家だったら別にそんなことでできないなんて言わないじゃないですか。ただ気持ちがのってないだけじゃなくて、なにかがダメだったんですね。それで、「いやぁ困ったな」って腕組みをはじめて。高座で落語家が噺をはじめないで、腕組みするなんて見たことないですよね（笑）。

お客さんはハラハラドキドキしながら、さぁ、この先どんな展開になるのかなって思っている。お客さんが「芝浜」って言い出して、「芝浜？」と応じて噺に入るんだけど、これがまたダメなんですね。「鼠穴だったらひょっとしてできるかな」と言うと、わァーって拍手が起こって、噺に入るんですけど、少し噺が進んだところでまたダメになる。「ウーン、わりぃ、今日は木戸銭返すから帰ってくれ」（笑）。

元：その言葉はすごい。

山：「木戸銭返すから帰ってくれ」という。そうしたら、「そこにいるだけで十分！」と、志ん生みたいなこと言った客がいるんですよ。「十分って言われたってなにかしゃべらなきゃしょうがないだろう」とかなんとか言いながら、ぐちぐち言って、そして「芝浜」に入っていったんです。僕は、はじめはドキドキしてたけど、こんなのは二度と観られないぞと思って……。

元：良質なドキュメンタリーを見るようですね。

山：このときの「芝浜」は忘れられません。そういうことをやってのけられる、唯一の落語家ですね。

二〇〇九年伊豆榮梅川亭の談志

元：晩年は喉の調子や体調がよくなかったので、いろんな噺をやってみるんですが、「これはだめだなァ。『黄金餅』、ちょっとこれは最後大変なんだ。サゲまでもってけないかも」と自分で言い訳をしながら、「しょうがねえなあ、『やかん』にするか」、落語チャンチャカチャンにするというのはあった。でも、それは体調の問題でしたからね。

山：やはり相当体力、気力が充実してないと「らくだ」や「芝浜」はできなかったんですよね。ああいうのが聴けた時期までが、師匠がほんとにいい状態だったんですね。最後の「芝浜」はちょっと痛々しかったと思います。ＮＨＫでドキュメンタリーを撮っている中で、自宅でNHKの人たちのカメラに向かって稽古してるときなども、相当おじいさんの魚勝さんになっていましたよね。

元：二〇〇九年十二月八日に上野公園にある伊豆榮・梅川亭で「立川談志を聴く会」をやったんです。三十人ぐらいの予定だったんですが八十人以上の人が師匠の噺を聴きたいと集まりました。

その頃は体調も悪く声が出ないので家に閉じこもっていました。そこで「師匠の噺を聴きたいという人だけ来てもらって小さな落語会をやりませんか？」と言ったんです。

そうしようと思ったのは美空ひばりのことが頭にあったからでした。彼女が肝硬変と大腿骨骨頭壊死で入院して、出てきてニューオータニだったと思いますが感謝の会を開くんです。

私も招待されてそこにいたんですが、そのとき雪村いづみがこう言ったんです。「お嬢、あなたはもうコマ劇場のような大きな劇場でやらないで、アメリカのバーブラ・ストライサンドのように、どうしても彼女の歌を聴きたいという人だけに来てもらって、チケットを高くして、そこで歌ったらいい。それができるのはお嬢だけなんだから」

この話を師匠にして、「師匠の噺を聴きたい人だけを集めて少人数の会をやりませんか。終わってからお酒と食事を出して一人三万から五万円ぐらいで」と言ったら、「ウン、いいよ」って言ってくれたんです。

作家の嵐山光三郎さんに主催者になってもらったんですが、来たいという希望者が多くなって、会費は一万円でやりました。一番体調の悪い、最悪の状態でした。（持参した写真を取りだして）これがそのときの写真なんです。歩けないんです。這ってなにかにつかまってヨロヨロです。実はそこに志らくが控えていて、「もし俺ができないときはお前がやってくれ」と待機してたんです。師匠には「無理しなくていいですよ」と言いました。そのときびっくりしたのは、談志師匠はいっぱいメモを持ってきたんですよ。「これなんですか」と聞くと、「これはみんなネタなんだ。忘れちゃうといけないから」。よくは見なかったけど、そこにはネタやいろんなジョークが書いてあるんです。

大広間に高座を作り、そこに弟子にかつぎあげられて噺を始めたんだけど声が出ない。私は後ろのほうにいたんですが、マイクを使っても声が聞こえない。そこでやったのが「金玉医者」、後半が「芝浜」でしたが、痛々しかったですね。師匠は座っていられなくて、最後には足を前に出してました。

山：よく出てきてやってくださいましたね。

元：私も、松岡さんもこれが最後の高座になるかもわからないっていうぐらい体調がよくなかったのに一時間半もやってくれたんですよ。

山：そうですか。

元：私の友達がテレビの制作会社にいてビデオに撮ってあるはずなんだけど、それは落語を超えた執念の高座でしたね。年が明けても体調はずっとよくなかったんです。そうしたら三月ぐらいに自分から入院したんです。師匠はビールとハルシオンをガリガリやりながら飲むんです。それが一番身体に悪い。それをなんとかやめないといけないのですが、「家では無理だ」と言って、師匠自ら一カ月ほど入院したんです。それで病院から出てきたら、みるみるよくなってきたんです。

山：二〇一〇年ですよね。

元：そうです。だからその年は、たぶん秋ぐらいまでラジオのレギュラー番組にも出ていたし、弟子の志らくなどのひとり会にも出ていた。声はだいぶきつかったと思うんだけど、ひとりで歩くし、よかったなと思った。やはり一席やる気力はなかったですからジョーク集ばかりだったですが。

山：そのミューズが降りてきたというのは何年のですか？

元：あの「芝浜」は二〇〇七年です。
山：僕が聴いたのは二〇〇六年かな。やっぱり「よみうりホール」で。
元：たしか毎年「芝浜」はやっていたんじゃないかな。二〇一〇年は「芝浜」をできたんですよ。

再び談志を聴くようになったわけは？

山：大学生のころ晩年の桂文楽を聴いていて、やはりある瞬間から、自分が作り上げた名人芸というものから別れを告げられた高座かなというのがあるんです。いつもと違うな、というのが。紀伊國屋でやった「景清」という噺だったんですけど、力が入るはずのところで言葉に力がこもらない。
談志師匠も、いつも自分で登場人物を後ろからコントロールできたのが、操縦不能になった高座がどこかであるかと思うんですよ。そのときにミューズというか、自分の中の芸の神様から別れを告げられた瞬間があって、そのあと、一生懸命しがみつこうと思ったんだけど、かなわなかった。結局声を取られてしまったという、落語家としては悲壮な最期ですね。

僕としては、一番いい時代をずっと聴かせていただいて、ノートにメモを入れながら聴いていた一九五〇年から五十五年というのは、あとから振り返ると、談志師匠が一番落語に燃えて、改革していた時期ですね。

今から考えると談志師匠が四十代になって、一番面白かったときかなと思います。先ほどの談志の弟（松岡）さんの質問への答えじゃないんですが、一生懸命落語にのめりこんでいって、僕が小朝くんの落語会を手伝ったり、「桂文楽プレイバック」とか、「志ん生プレイバック」とか、つまり志ん生の十八番が、今どんな人にどんなかたちで受け継がれているか、文楽の十八番をどんな人が受け継いでいるかという落語会をやっているうちに、それらのプロデュースが面白くなってきたんです。

そういうことをやってきたんですけれど、言ってみれば落語界全体が嫉妬の塊《かたまり》で、そういうところに声がかかる噺家はいいんだけど、呼ばれない人は僕のことを疎ましいというか……。

そうすると、なかなか楽屋に行ってもいい感じがしなくなって、距離をおこうかなと思い落語を聴かなくなっていったのが半分。あとは料理のほうに片足をつっこみながらできないなということがありました……。

もちろん、談志師匠だって面白いし、志ん朝師匠だってすばらしいし、小朝くんだ

●元木昌彦
「週刊現代」「FRIDAY」元編集長
立川談志、山本益博両氏の連載を始めるなど、「週刊現代」の黄金期を支えた

って ぐーんと伸びているときだから、落語とは一生の友としていけるかなと思いながらも、ちょっとだけ距離をおこうかと思い始めてしまったところからどんどん遠のいてしまったんですね。だから、一時、十年とは言わないけれど、落語を聴かなかったですよね。

元：ほとんど聴かなかった？

山：まったく聴かないです。これだけ聴いてたやつが、変ですよね（笑）。

元：（笑）そういうことができるんだ。

山：できちゃうんですね。変なんですね。そしてなぜ戻ったかというきっかけは、僕のまわりにも談志師匠を大好きな人がいて、談志ひとり会に欠かさず行ってたら、「この間、談志師匠、高座で益博さんのこと言ってましたよ」と言うんです。「一度は落語に足を踏み込んだやつが、どこの世界に行こうがいいけれど、なんか美味いもんばっかり……。山本益博ってやつ、一回戻ってこいやとかなんとか言ってましたよ」と言われて。さぁこれはえらいことになったと思い、それで翌月からもう一度、ひとり会に行き直したんです。高座で師匠が言ったことを僕の友達が聞かなかったら、もう少し、まだ聴かなかったと思います。

それから再び聴くようになって、僕だけが談志師匠がいいと言っても仕方ないので家内を連れて行ったんです。楽屋口で師匠が入ってくるところを待ちかまえて、家内に挨拶させようと思ったんです。

「今日は、談志師匠の落語を生でちゃんと聴かせようと思って連れてきました」と言うと、「あ、そう。なに聴きたい？」と。普通そんなことないでしょう。いきなり「なに聴きたい？」って、春先だったんで「らくだ」って言ったんですよ。いきなりやれって言っても、「らくだ」はだいたい根津神社で一回稽古をしなかったら、かけないぐらいのネタだと思いますよ。師匠は「わかった」と言って、それで僕らは客席に回ったんです。

「ひとり会」はいつも一席は決めているけれど、最後の一席はお楽しみにして決めなかったでしょう。そしたら、「今日は『らくだ』をやるから」といきなり言ったんですよ。客席からすごい拍手で……。でもそれを知ってるのは、僕と家内だけですよね。その「らくだ」がすばらしかったんです。でもね、なに聴きたいって落語家から言われるほどお客さん冥利《みょうり》につきることはないですよね。こっちがかけ声かけて「らくだ」と客席から言って、やってくれたらうれしくてうれしくてしょうがないのに、「なに聴きたい」と言ってくれたことはないですよね。だから僕は師匠に嫌われてないなと……。

元：益博さんが戻ってきてくれたのが、よほどうれしかったんでしょう。

山：そうかもしれませんね。家内も連れてきたっていうのがうれしかったんだと思います。心は優しい人なんですよ。というか、本人も照れ屋で、なんか本音をそのまま出すのは東京っ子らしくないから、そういうところをちょっと斜に構えちゃう。テレビなんかで観てる人から、あいつは生意気だとか、自分勝手だというふうに思われちゃうんだけど、そうじゃないんです。僕はあんなにハートのある、優しい落語家はいないかな、と思う。

元：優しすぎて恐縮しちゃうところがある。

山：談志師匠が寄席に出られなくなったときも、「いや、師匠、落語やらなくていいです。今日の談志というのをやってください」と言ったことがありました。以前大きな事件があったら、今日、談志師匠どこに出てるかなと、いつも思ってましたから。寄席でなに言ってくれるかな、テレビやラジオや新聞よりも、よっぽど的を射たことを言ってくれるじゃないですか。だからいつもそう思ってたんです。「談志師匠が今日の出来事、今日感じたことをポロッて言うだけで、別にネタに入らなくていいですから。今日の談志いいなぁ」と言ったんですよ。

元：マクラに時事ネタをいれるじゃないですか。それは十年二十年たつと古めかしい話になりかねない。この前聴いたCDは、九五年の頃のもので阪神大震災とかオウム事件だとかをマクラに取り込んでしゃべってるんだけど、こんなこと言っちゃっていいのかというところもあるんだけど、師匠じゃなければ言えないことを言っている。ものごとの本質をズバッと突く批評眼はすごいから古びない。

山：すごいもんですよね。これが落語だというのがわからなくて、ネタ、作品、中身がよければいい落語だって思ってる人はたくさんいるでしょう。志ん朝師匠の落語もすばらしいです。でも両方のものがあってこそ落語と言えるかなぁ、と思っていたんですけど。

「談志百選」の執筆連載

元：本当に志ん生のことが好きだったんですね。師匠にやってもらった中で一番思い出深いのは、私が「週刊現代」編集長のときの「談志百選」です。この第一回が志ん生で最後が文楽。そこにこう書いています。

「〃俺は立川談志だ〃〃落語家だ〃である。その見本が志ん生にあった。もっとも志ん生師匠、そこまでの分解はなかったし、成り行きだったかも知れナイが結果は見事な人間の姿であった。己の生き方に志ん生は一番合った稼業を探し、それが成功したのである」

この連載は師匠も喜んでくれて、これがあったから私のことを少しは多としてくれたのかもしれない。

山：これは、談志師匠を知るには恰好《かっこう》の一冊だと思いますよね。

元：人選がすごいんですよ。フジテレビの中村江里子アナウンサーまで入ってる。それを師匠に「なんでですか？」と聞くと「いや、おれが好きなんだからしょうがねぇよ。で、今度中村江里子と飯食うから、元木さん一緒に付き合えよ」とか。ほんとに好きだったみたい。

山：中村江里子さんがバッシング受けてたときですよね。

元：「江里子負けるな、俺がついてる」と書いてます。

山：僕もなにか書かれてるんですよ。二回ぐらい出ているんです。月の家円鏡の独演会をやれ、と談志師匠に呼び出されて、「円鏡に話してあるから、お前プロデューサーやれ」と銀座の「美弥」に呼ばれて言われました。「円鏡の独演会をやれるのはあんたしかいないから」と。

だから自分が落語との縁を切るギリギリのところで、月の家円鏡独演会から橘家圓蔵になったあたりのところでやったんです。そのとき、やはり談志師匠はすごいなと思いましたね。円鏡師匠に落語をちゃんとやらせようとすれば、「誰かついてないと、どこへ行っちゃうかわからないから、あんたやってくれよ」ということで、頼まれた。そんな話を談志師匠との間でしていました。

―芸としての色物をまっとうに評価した談志

元：談志さんが偉いのは、「色物」という言い方は失礼になるかもしれないけど、アダチ龍光を含めて早野凡平とかを、まっとうに評価しています。

山：アダチ龍光を池袋演芸場に出したときのことを『談志楽屋噺』に談志師匠は書かれていますが、いつも読むたびに涙が出てきてしまう。僕が東久留米まで迎えに行ったんですもん。

元：ああいう落語家さんというのは大好き、いくらでもお手伝いしたい。

山：テレビの「花王名人劇場」で、田谷力三と下座三味線の橘つやさんとアダチ龍光で、「明治二百四十歳」というタイトルの番組を、談志師匠が司会でやったのですが、これはよかったです。画像が残ってるはずなんですよ。

それと、今思い出しましたが、自分ではレコードを持ってないんですが、談志師匠のドキュメントを撮っているのがビクターから出てるはずなんです。これを探したいのだけど、わからない。これは今すごくプレミアムがついてて値段高いらしいです。談志師匠が自分の家で稽古をつけてるところの音まで入れてるはずなんです。僕が責任編集やってるんですが、自分の手元にないんですよ。これ、無責任だね（笑）。

元：師匠は童謡が好きで、「童謡咄」という本を出しています。その本がどこかにあるはずなんだけど見つからないのでアマゾンで探したら五千円近くしてました。新刊以外はみんなプレミアムがついてる。

山：一番最近でいえば、「週刊現代」で最後まで書いていた「遺稿」ですが、あれは僕も読んでいましたけれど、おかみさんのことを書いてある連載が一番いいなと思っていたら、一冊に纏《まと》めた書籍では、編集の人が巻頭に持ってきましたね。

元：二〇一〇年の秋からまた体調が悪くなってきて、根津のマンションで寝たり起きたりしながら、気力も戻らない。まわりが心配して、「元木さん、なにか師匠にやるように言ってくれないか」と言われました。そこで根津に伺って、「月に一回くらいの連載でもどうですか。とりあえず月刊誌でどうですか」と聞くと「やるんなら週刊誌でいいよ」と言うんです。

「それじゃあ『週刊現代』に話します」「おぅいいよ」となった。あとで聞いたら、もうその日から原稿を書きだして、あっという間に五、六本書きためたそうです。すごいのは去年体調が悪くなって、まったく食べ物をうけつけないのに原稿を書きゲラをチェックしていたそうです。原稿の中で体調が悪いと書いたのもあるらしんですけど、身内はそういうのは出したくないと出さなかった。

あらためて読んでみましたが、あれだけ落語のことを好きで考えてた人が、落語についてはほとんど触れてないんです。最後におかみさんのことを出したときは、そろそろかなというふうに思いました。「この人を嫁にと決めてよかった」というところで私もジーンときましたね。

山・僕が、この連載の中で一本選べといったら、やはりおかみさんのことを書いた原稿かなぁと思う。これ本屋さんで買いました。そしたら巻頭に出てました。談志師匠がかみさんのことを書いた文章はすごくいいよ、と僕は人にもすすめました。これ一冊を読むだけで、立川談志という人がどういう人だったかということがすべてわかる。

これを読むと彼が、つまり落語家立川談志、批評家立川談志、娯楽家立川談志というのがすべてわかりますね。映画、音楽、あらゆるジャンルの芸術に興味が向いて、それをちゃんと自分のところに取り込むだけの力がある。ただ自分が向こうにいってしまうだけじゃなくて、すーっと自分のフィールドに戻してくるのが、この本を読むとわかる。それから、しゃべり言葉でこんなに原稿が面白いのは談志師匠と、小沢昭一さんの文章です。なかなかないですよ、しゃべり口調の原稿で滅法面白いのは。

監督から出演者まで全部覚えている記憶力

元・いまから二十数年前に「月刊現代」に師匠に書いてくれませんかと頼んだことがありました。「忙しいからしゃべる」というので、しゃべってもらって私がまとめて持って行ったんです。原稿が返ってきたら、ぜ〜んぶ書き直し。不勉強で談志さんの文章がどういうものかをあまり理解してなかったから、直された原稿をみて、このリズムはとても他人が出せるものじゃないとわかりました。師匠から「悪いなァ、いろいろ直しちゃったけど」と言われたので、「師匠のリズム感は師匠でなければ出ません」と言いました。

あとは記憶力ですね。「週刊現代」の担当者から聞くと、連載の最後のほうはちょっと記憶が曖昧になって調べなければならなかったけど、ほとんど確認は必要なかったそうです。聞いてみたら、記憶力はおふくろさん譲りなんですってね。昔の古い映画の監督から出演者まで全部覚えているのは、ただごとじゃないですよ。

連載コラムの中で、眠れないとき、映画の題名を思い出すというのがあります。漢字だけの題名は、「例えばワイルダー『第十七捕虜収容所』『八十日間世界一周』『子鹿物語』『黄金』てなもんだ。『子鹿物語』はスチュアートかペックだったか。『黄金』はボギー、バートン・マクレーン、ティム・ホルト。『若草物語』は愛すべき四人姉妹、上から順にジャ

ネット・リー、ジューン・アリソン、マーガレット・オブライエン、エリザベス・テーラー、愛称は上からメグ、ジョー、ベス、エイミー。相手の男性は……」

山：古いのを語るというか、ノスタルジーでしゃべれる人はたくさんいるかもしれないけど、やっぱり今とつながったかたちで書ける人はいないですよね。だからつくづく惜しいなぁというふうにいってしまえば終わりなんだけど、でもほんとに四百年近い落語の歴史の中で、最高の天才ですね。

僕は、圓朝、志ん生、談志のこの三人と思ってたけど、一人あげろというと、立川談志かなというくらい。落語をこんなに愛して、こんなに変えて、可能性を示してくれた人はいないかなと思う。

元：志ん朝がいなくなったこともあるけど、談志さんのレベルで落語の話ができる人なんていない。志らくさんとは映画や歌謡曲の話ができたりするけど、師匠と落語論は無理でしょうからね。師匠は友だちがいなくなったことが寂しいと言ってましたね。自分が落語とどう葛藤しているのかという話を誰とも話せないのは、つらかったんじゃないかな。

山：そういう意味でいうと、近すぎると火傷しそうなくらいに熱くて怖い人で、遠くにいるとすごく懐かしくて、もっと近寄りたくなる不思議な方でしたね。

元：聞いた話ですが、松岡さんと師匠のおかみさんが話をしたら、二人の夢に出てくる談志さんが悲しそうな顔をしていたそうです。それがどういうことかわかりませんが、やはりやろうとしたこと、狂ってもいいから行きたかった高みがあったはずなのに、身体の問題でそこに行けなかった心残りがあるのかもしれません。

　志らくさんも書いているけれど、二〇一一年三月六日の「談志一門会」が最後の高座になりましたが、そこでやったのが「蜘蛛駕籠《くもかご》」で、病院で喉の手術をして、これから声が出なくなるという直前にやってたのも「蜘蛛駕籠」。師匠にとってものすごく思い出のある噺らしいですね。最初に評論家に認められたのが「蜘蛛駕籠」だそうです。

山：東横落語会の第一回の公演で「小ゑん」の名前で出てるのが、「蜘蛛駕籠」です。

元：志らくさんは、一つひとつ噺にお別れをしたかったんじゃないかと書いています。全部の噺とお別れする前にそれができなくなった。病床で声は出せないけれど頭の中でお別れをしてたのかもしれません。

談志哲学を知るにはこれを聴け

山：談志を知るには「やかん」がすごくいい。明治でも大正でもいいから当時の速記本に出てくる「やかん」と並べてみると、いかに談志のオリジナリティと独創性があるかがわかってもらえていいかなと思う。でも「やかん」の速記本はないか。
元：私も好きな噺は「やかん」と「金玉医者」です。
山：そうです。談志の哲学があるのは「やかん」だとか「二人旅」。前座がやりそうな軽い噺ですが。もう一つ、これはすごく大事な点だと思うけれど、悪党が描けなかった人です。善人がすばらしかった。僕は、あんまり談志の「居残り佐平次」は認めない。やっぱり、志ん朝師匠のほうが、圓生師匠のほうが、佐平次が悪《わる》ですよ。
談志師匠は「五貫裁き」とか「文七元結」と人情に絡んだ善人を描かせたら、こんなにすばらしいのにと思った！　それが照れくさい理由の一つだと思うのです。
元：「黄金餅」もだめ？
山：いや、「黄金餅」はいいですよ。「黄金餅」は悪党を描いているわけではないし、人をだますという噺ではないじゃないですか。「付き馬」「居残り佐平次」は人をだます噺だから、苦手だったと思うんです。談志師匠は、人間の持ってる性根のところの優しさだとか可愛らしさとか、そういうものを引っぱりだしてくる名人だったと思いますよ。

元：師匠は人情噺は嫌いだと公言し、「芝浜」は落語に非ずとまで言ってましたね。

山：あんなものはと言いながら、やると夢中になっていました。圓生師匠が「一文惜しみ」というタイトルでやってて、談志師匠が「五貫裁き」という噺でやっている。それがまた、「善人が出てくる噺を師匠やってくださいよ」と言ったら、「そこの登場人物、神田の金貸しがそのまんま、まだ残ってるからやれないよ」と。それぐらい優しい人なんですよね。信じられないですよね。そういうのって、本人が言った台詞をちゃんと記憶してないとわからないじゃないですか。やっぱり優しい人だなと思います。

だから談志師匠ほど落語の中の「善」というものがなんであるかを知っている落語家はいない。熊さんだって八っつぁんだって、人間の業だと言いながら共同体の中で生きてる人間は、善人の部分があるじゃないですか。

「らくだ」だってなんだって悪党が悪党でなくなっていっちゃうのがいいんですもの。「らくだ」の馬さんが死んだところで丁の目《ちょうめ》の半次っていうのが、とんでもないやつかなと思ったら、最後はすごくいいやつじゃないですか。そういうところが談志師匠の真骨頂かなと思うんですよね。

悪党を悪党のままに描ききれない人なんです。それを見誤らないほうがいい。だから世間の評価と違う人物を得意として描いていたかなと思う。

元：「金玉医者」は、彼のことばでいうある種のイリュージョン落語みたいなものなのでしょう。「金玉医者」はほとんど創作に近いものですね。私は、「蝦蟇《がま》の油」の口上の英語バージョンも好きです。

山：稽古したり教わっているうちに、自分が何回もリフレインを繰り返しているうちに、アイデアが出てきてしまうから噺が曲がっていってしまうんですね。それで自分のものができちゃうんじゃないですか。それはほんとに天才しか許されないと思うんだけど、そういうことがいくらでもできちゃった人ですよね。だから、みんなが軽い噺だとか前座噺だと思う噺のほうが、いろいろ変える面白さがあった。一つひとつ疑問を出していって、ほんとにこの台詞、八が言うはずがないだろうと思うと、そこで変えていくと全然展開が違ってしまうという、そういうことをやった落語家です。

談志の「浪花節」と「講釈」ネタのすばらしさ

元：私が早稲田に入学したあとで師匠のひとり会を紀伊國屋で聴いていますが、「三方ヶ原軍記」を聴いてびっくりした。あの滑舌の良さはすごいと。

山：三十代、四十代の、ああいう立て板に水どころじゃないくらいに流れるような、聴いていてこんなに気持ちがいいのかというほどでした。

元：我々の世代は、子どものころに浪曲、講談、もちろん落語も含めてしょっちゅうラジオから流れてきてました。あの講談と談志講釈とは少し違うものなんですね。あんな見事なしゃべりができる人はもういない。

山：「慶安太平記」「小猿七之助」とか。そういう浪花節のネタや講釈のネタは、超一級品です。

元：この間「鮫講釈」を聴きました。このごろこんな噺をやってくれる人がいなくなりましたね。

山：それともう一つ、最近つくづく思うんですけど、自分も六十過ぎて、まだ落語が好きなんですけれども、落語は基本的に自分より年上の人の噺を聴くから説得されるんで、自分より若い落語家がなにか言ってくれても、なんかお前そんなことというけどさ俺のほうが知ってるぜ、って言いたくなるのが落語かなぁと思うと、だんだん歳がいけばいくほど聴きたい落語家がいなくなってきちゃうんですよね。そうじゃないですか？　だから僕が聴いてても笑えるのは——実際に聴いているときには笑わないけど——小三治師匠だけですよ。聴いてて、いいなあというのは。

やはり噺を聴いていると、そうかもしれないけど俺のほうが歳とってて、もっと昔から聴いてるよと（笑）。つい言いたくなっちゃうというのが、落語かなぁと思う。

吉原の噺もおんなじように、俺だって知らないしお前も知らないんだけど、そんなふうに言うけどさ、自分より年配の噺家から聴いていたほうがやはりリアリティがあるよ、というふうになってしまうと、落語というのはそこで線引きたくなっちゃうんですね。

元：落語が能みたいになってしまうと談志さんも心配してましたね。私はジャズが好きで今のジャズも聴くけれど、いまだにマイルスでありコルトレーンであり、そこに帰っていく。落語もDVDやCDで聴いていれば、今の落語なんか聴いてもしょうがないというふうになりかねない。談志さんがこの噺を今度はどういうふうにやってくれるのか、ジャズの即興演奏のような楽しみがあった。そういう人がいなくなってしまうのは残念です。

談志の後継者は誰か?

山:寄席の存在感が今ほとんどないわけですけれど、本当に初心者で落語を好きになった人はひとりで寄席に行かないというのが正論だと思います。でも談志師匠が紀伊國屋ホールで自分のひとり会をやるのと別に池袋の寄席に十日間出ると、十日間どういうふうにネタを持って行くのかなぁというのが興味深い。

僕の当時の落語ノートの中には十日間池袋に通いつめている時期がありますけど、そういう楽しみが談志師匠が寄席に出ていたときにはありました。今はまったくそういう楽しみがないです。寄席に行っても落語の面白いものはほとんどやってないです。

でも、ゼロかっていうとゼロじゃなくて、この二〇一二年の春に真打になったばかりの春風亭一之輔というのがいいですよ。小朝くん以来、久々に面白いかなというくらいにいい。新宿の末広でお披露目のときに「くしゃみ講釈」をやったんですが、枝雀以来、面白い「くしゃみ講釈」って聴いたことがなかったんで、笑いましたよ。すごくいいなと思って。

元：そうですか。私はまだ聴いてないんです。
山：いいと思います。久々に蔵下で落語を聴ける落語家が出てきた。こんな生意気なことを言っちゃいけないんだけど……。
元：志の輔、談春、志らくに「やかん」をやってほしいね。談志さんは自分の後継者は志の輔だって言い方をしてます。談志師匠の狂気を受け継いでいるのは志らくだろうけど、トータルでいうと志の輔だろうと私も思いますが、益博さんは、そのへんはどういうふうに見てますか？
山：その三人が束になっても談志師匠にかなわない、というのが正直なところで、個人のパフォーマンスをするのは料理人もおなじなんですけど、二代続かないです。親父がいいから息子もいいというのはない。志ん生がよくて、志ん朝がいいのは、全然違うタイプだったからですね。志ん朝からは志ん生の志の字もほとんど感じられないです。僕は、志ん生のなまの高座は数回しか見てないけれど、でもテープなどで聴いたときの感じでいうと、志ん朝は違う方向に行ってますよね。おんなじところにいったら絶対にかなわないと、本人がわかっている。

やはり談志という存在は立川談志一代で終わりで、その下にいた弟子は違うところを目指さないといけないと思うんです。でも僕は思うのですが、今出てる人たちはテレビの媒体とか独演会を開くとか、恵まれすぎているでしょう。

談志師匠はキャバレーでだってやらなければいけなかったし、時代的な環境でいうと談志を生む土壌は、残念ながら現代にはないじゃないですか。だってやろうと思えば、一人で千人集められるでしょう。でも、僕が企画委員でお手伝いしていた東横落語会というのはつばぜり合いです。圓生、小さん、馬生師匠がそれぞれネタを決めて、その前三人は誰をやらすかというので毎月毎月、高座がつばぜり合いだったんです。

それこそすごい噺をたくさん僕は聴けたんだけど、そういう環境が今はない。みんな独演会でいっぱいお客さんは集められるけど、しのぎを削るというような、高座でつばぜり合いをするような経験がないから、昔のようなスケールの大きな落語家が出にくいです。地方でも、またそこそこいろいろなテレビに出る。食えない人でも食えちゃう世の中だから。

でも談志師匠は、落語の昭和の黄金時代のあとに出てきながら、次の今の恵まれてる環境でないところの下積みのところに出てきて、しかも志ん朝という目の上のたんこぶがいた。これが大事なんです。志ん朝という目の上のたんこぶがいたから、すごいパワーというかパッションが時に反逆的に出ながら、時にまっとうに噺をやらしたら俺だってこれぐらいできるよという思いを、いつも野望を持ちながらやってきた。

環境、時代、それと本人の技量というものが、今の落語家にはない土壌から出てきた天才、それが立川談志と古今亭志ん朝じゃなかったかと思います。

元：落語協会を飛び出して立川流をつくったとき二、三年ほとんど仕事がなくて、仕方なく雑誌で対談連載を始めたそうです。そこで手塚治虫さんや色川武《いろかわたけ》大《ひろ》さんと出会って意気投合して肝胆相照らす仲になった。そのころ暇じゃなかったらああいう付き合いはなかった。

山：そうですね。全然世界が違っていたと思います。

元：談志さんは自分で苦況をつくって、そこでもがいて苦しんで次なる高みをめざす。おんなじことやれと今の落語家に言ったってできない。それに今はそれなりにお客を集められるから、苦労しなくてもこのままでいけばなんとかなると思ってる。

山：自分のファンが集まってるんだけど、よくないですよね。談志ひとり会のお客さんは、厳しかった。あんな厳しいお客いなかったと思います。そういう中で今の自分をみせなきゃいけないわけだから、それが先月より今月のほうが面白いと思わせなきゃいけない。

そういうジレンマの中で闘ってた人だから、三百人だけど自分のことをなんでも認めてくれていながら、一番自分に厳しいという人を三百人も持てたのは、ものすごく幸せな落語家ですよね。そういう厳しい批評眼に耐える落語家だったんだけど、そういう人を持ってる落語家は少ないです。

元：立川談志の時代というのがあって、彼が亡くなることによってそれは終焉せざるを得ない。それを立川流の弟子たちがたんに受け継ぐのではなくて、違うものをつくっていくしかないね。

山：立川流の人たちはみんな大変ですよね。真ん中の柱がなくなったんですから。

元：志の輔さんは、最初からもう師匠にはとてもかなわないと新作や談志落語とは違うほうに行きました。彼は生き方も含めて噺もたしかにうまいと思う。談春さんあたりがこれから大変かなという気がしますが。

山：でも、談春は型を持った噺家だと思うので、バリエーションはいくらでもつけられるから、僕は相当可能性があると思います。あんまり、昔の落語家と変わらないじゃないかという人がいますけれど、あれだけきちんとスタンダードができると、いくらでも変えようがあるかなというふうに思います。

元：あれだけの才能三人も育てたというのは、なかなかいないですね。

山：ないですよ。それぞれみんな才能が違うから、すごいものです。

ファンであることの醍醐味

元：談志師匠の晩年は体調が悪くて満足な落語がなかなかできなかった。あの苦しさは大変だったろうなあ。

山：あんな絶望感、失望感はないと思います。自分のしゃべる商売道具が使えなくなってしまったわけだから。

元：医者にはマメに行く人だったと思います。身体にものすごく気を遣う。私も二度ぐらい医者を紹介したことがあります。喉に白斑症というカビみたいなのができて、癌の一種らしいんだけど、「元木さん、誰かいい医者いないか」というから、『週刊現代』で名医を紹介する欄を担当している者がいるから聞いてみましょう」って、紹介したこともありました。残念ながらよくはなりませんでしたがね。

山：こう考えると、元木さんのほうが談志師匠のすごくいい部分のところを、プライベートも含めてご覧になってた気がしますね。なかなかそういう人はいないですよ。僕も今日、談志師匠のことについてしゃべるのに最近出た落語の本を読んだりしたんです。この著者も談志が天才だって書いてる一人なんですけど、でもどこが天才かとはなにも書いてないんです。この人はなにも落語家と付き合いがないから、言いたい放題のことを言うんだけれど、品がないんだね（笑）。「オレは落語家と一切付き合いがないから、言いたいこと言える」と。言いたい放題のことはほとんど当たってるんだけど、でも談志と小朝と桂歌丸が名人だと書いてあるのです。ちょっと待てよ。桂歌丸と談志師匠を一緒にしないでっていうような……。

元：小谷野敦《こやのあつし》さんという人ですか？

山：それにしてもクレームばかりつけてるの。「今、寄席に行ってもちっともおもしろくないんだよ」と。その論理はわかるんだけども、談志師匠が天才だと言ってるわりには、どこが天才かということにふれていない。それはなぜかというと、高座がほんの少しと、テープでしか聴いてないからなんです。細かいところのフレーズはわかっているんだけど。

やはり落語というのは、他の芸能でもそうなんだけど、ファンになるとか贔屓《ひいき》をもたないと面白くないんです。落語を聴くのにただ落語だけを聴いていちゃダメなんですよ。小三治が好きだ、小朝が好きだというふうに、だれかを贔屓にしてそこから入っていくから、本当の世界が見えてくるんじゃないですか。それなのに全部均一に見てたら、残念ながら落語の本当の面白いところがわからない。談志師匠がもし好きだったら楽屋に挨拶に行きたくなる。評論家といえどもそうなんですよ、落語というのは。

元：私はもともと学生のころからの談志ファンですから、会えたときは嬉しかった。

山：まずファンであるというのが、一番大事なところだと思うんですね。

元：会って顔を見ていればそれだけで満足する談志師匠の単なるファンでしたね。

山：今お聞きすると元木さんの談志師匠との付き合い方というか、距離感が一番絶妙かなと思いますね。

元：ずいぶん噺は聴きましたけれども、益博さんみたいにそこまで分析して聴くことは、なかったですね。何度か談志師匠と二人で行きつけの銀座のＢａｒ「美弥」に行って、ビールを飲みながら落語の話を聴きました。そのうち落語をやってくれる。あいうときの至福はなかったですね。立川談志が目の前で落語を自分だけに語ってくれるんですから。

山：この本の著者の小谷野さんはそういうことをまず体験していないですよね。落語の醍醐味を知らないままじゃ半分も落語を楽しめないよと言いたい。この方が本で褒めてる興津要先生は、柳家小さん師匠とべったりで有名でしたよ。

元：私は、談志師匠が入院して筆談になったときには御見舞いに行ってないんです。師匠もそういう姿を見せるのがいやだと思ったので、間接的に話を聞くだけでした。これは松岡さんからの話だけど、「誰々がこの間聴いたらよくなったよ、面白かった」と話をすると紙を取り出して、「でも、やっぱり俺が一番」と書くんだって。

山：そういうエピソードを知ることによって、その人の芸というものがわかってくるのに、舞台、高座、録音それだけでわかろうと思うと、やっぱり味がないのと、残念ながら書いていることに品がなくなってしまうんです。

元：これから立川談志を書くんだったら、師匠の声が出なくなった後の辛さを、知って書くのと知らずに書くのとではまったく違う。談志師匠は入院するとわがままで医者や看護師を困らせたそうですが、最期はほとんどそういうことがなかったみたいですね。なんであんないい親父になっちゃったんだろう？　もちろん体力も気力も落ちてたということはあるんだろうけれど。

山：「偲ぶ会」のときも少しだけ娘さんと話す機会があったんだけど、僕は「おかみさんのことを書いたすばらしいエッセイだったですね」と伝えました。

元：談志さんは、娘さんの本を読む限りいいおとうさんだね。

山：信じられないくらい、いいおとうさんですね。

談志を認めたくない志ん朝好き

元：師匠は食べるところは決まったところにしか行かなかったようですね。中でもここ、上野の伊豆榮のウナギは好きでした。

山：ここは落語家がたくさんくるところなんですけれど。

元：ここと美弥くらいでしたね、ご一緒したのは。

山：圓楽師匠と対談したときもここだったかな。ここでまた、この本の著者の小谷野さんが、圓楽が名人だと書いてあるんだよね。とんでもなくごめんなさいです。もうそれ書いただけでこの人を信用しない。圓楽師匠は「名人」の噺を高座にかけたけど、ご本人は名人にまでは至らなかった。噺の運びの「間」がよくなかったですもの。

元：追悼のコメントでもひどいのがあった。志らくも『談志のことば』（徳間書店）で中野翠《みどり》が談志が死んだときのコメント「談志は演者としてよりも評者としてのほうが優れていた」というのがあまりにもわかってないと怒っていた。

山：中野翠さんは志ん朝好きだからね。

元：彼女は談志さんを聴いてないんでしょう、食わず嫌いだから。志ん朝贔屓は、談志を評価しない。

山・・小林信彦さんもそうですね。僕は相当攻撃されました。談志さんばかりほめて、志ん朝さんのことを、こうやったらもっと志ん朝の落語も面白くなるのにと「落語界」か「落語」という雑誌に書いたら、名人志ん朝を批判したとさんざん叩かれた。

小林さんは絶対に談志さんを認めなかった。というか聴いてないんですよ。品がないとか書いていたんですけど、でも落語の品というのは、話している口調だとか言動じゃないんですよね。その作品から立ち上ってくるものに品があるかどうかで判断しなければならないのに、普段の言動とか毒舌ぶりからしてこいつは落語ができないだろうというふうにみてしまうところが、一番いやらしい。

だから僕は叩かれましたよ。小林信彦さんの不幸は志ん朝しか聴かなかったことです。談志さんと志ん朝さんの両方を聴いて、僕は両方認めますもの。

元・・私も志ん朝のいいところは認めます。私は、二回だけ寿司屋で一緒に志ん朝さんと飲んだことがある。早稲田の行きつけの寿司屋に志ん朝もよくきていたんです。志ん朝さんが一人で飲んでると、こちらも落語好きだから「ちょっといいですか」と横に座らせてもらって、ほとんど話をする人ではないんだけれど、あの佇《たたず》まいはやはり素敵だった。立川談志とは違う意味で、すごい落語家ですね。

山：それを小林さんは神格化して、志ん朝さんを僕が傷をつけたみたいな批判をする。それを書いた小林さんは僕の名前をちゃんと言わないで、「今はラーメンの批評などをしている」と。そういう書き方ですよ。はっきり名前書けって。僕が談志さんばかりほめるもんだからそういう理由もあったんだろうけどね。でも談志師匠を聴こうとしない。かわいそうにと思ってました。

元：昔は文楽だって志ん生だって圓生も聴きましたよ。

山：だから彼らはほんとに落語が好きなんです。それに対しよそ者というか自分のイメージじゃないものは排除したいのでしょう。その下町の情緒はちょうど志ん朝さんにピッタリだったんでしょうね。志ん朝師匠の批評の内容は具体的には覚えてないけど、でもマクラがつまらないと書いたんですよね。

元：それは正しいね。

山：談志師匠に比べたら全然つまらない。落語というのは本題もそうなんだけど、マクラのところが落語家の落語たる所以なのに、あんなにつまらないマクラをしゃべる人はいなかったというくらいつまらなかったでしょう？　でも、そういうことに触れちゃいけないみたいな……。

元：逆に志ん生のマクラは秀逸だね。談志師匠はしょっちゅう高座でそれを引き合いに出してました。志ん生のバカバカしいところがいいんだ。

山：間に関しても、「えー」というのが落語になってるのは、ほんとに志ん生だけなんです。「えー」というのがなんなのかなって考えると、つまり自分が話していこうと思うベストポジションにいくタイミングをとっているんですね。次のベストポジションはどっちにいったらいいかというために、「えー」と言ってるんです。

談志と合う人、合わない人

山：さっき談志師匠の話で、僕が最後に会ったのはいつかなっていろいろ考えたら、志らくさんの会のときに紀伊國屋でやった打ち上げのときが最後ですね。あのとき打ち上げの会場に行く道すがら、おしゃべりしたのが最後かもわからない。

元：新宿の末広亭近くの中華屋でしたね。

山：「新・話の泉」というＮＨＫでやっていた談志師匠の番組に、それにも談志師匠が声をかけてくれてゲストで出させてもらったんですよ。自分の気に入った人しか出さなかったらしい。

元：作家の嵐山光三郎さんと版画家の山本容子さんは私が紹介したんです。師匠と合うかなってまわりが心配したらしいけど、師匠は喜んでくれて親しく付き合っていました。

山：談志師匠は落語を愛しているかどうかを嗅ぎ分ける力がすごく鋭いから。あと人間に興味があるかっていうのもあったかな。

元：好き嫌いは本当にはっきりしてた。

山：中間がないの。だめなら徹底的にだめだから。みんな偽者《にせもの》になっちゃう。

元：まわりにいるとみんなピリピリしてた。弟子だけじゃなくて、まわりの人はみんな大変だよね。私なんかこっち側にひいているから別にいいんだけど。挨拶に来ても「どうしたらいいでしょうか」と私に聞いてくる。いけばいいじゃないですか。だって、そこにいるんだから。

山：やっぱり気持の中じゃ復活をと。お弟子さんは、みんなそう思っていたでしょう。

元：志ん生のように高座で寝ててくれてもいい。立川談志はそういうことを潔しとしないでしょうが、車いすだってなんだっていいから生きていてくれればと思います。

山：だんだん老いていき歳をとっていき、この過程を見ていると、いてくれてもいいけれど、やはり病気されて久しぶりに出てきたら、いやぁちょっと談志は違うよと思われてしまったと思うんですね。

元：入院中はほとんど人に会わなかったし、亡くなってから二日間は弟子にも知らされなかった。私が知ったのは次の日でした。

山：じゃ、お葬式はすませてからということですか。

元：密葬がすんでから娘さんと息子さんが記者会見しました。談志師匠の美学なのかもしれない。しかし、神は残酷なことするね。

山：ほんとですね。

［第五章］

落語「やかん」と談志の「やかん」

落語「やかん」

「ェェこんちは、先生、いらっしゃいますか？」

「ほほう、現われたな、愚者《ぐしゃ》」

「え？　なんか踏み潰《つぶ》しましたか？」

「なんだ？」

「いえ、ぐ、い、ぐしゃッて、そう言ったでしょ？」

「なにを申しておる。ぐ、い、ぐしゃというのはな、愚かなる者と書いて、これを愚者と読む。つまり愚者といえば、おまえのことだ。わかったか、愚者」

「へーえ、その愚者てえのは、あっしのことですか？　へーえ、そりゃァまァ、当人が気がつかねえうちに、愚者なんぞにしてもらって、どうもありがとうござんす」

「いや、礼を言うほどのことはない。まあ、そこへお座り。ふーん、今日は身なりが整っておるなァ、どっかへ出かけたのか？」

「ええ、今日は、浅草の観音《かんのん》さまへお詣《めえ》りをしやしてね」

「どこへ行ったんだ？」

「へえ、だから、浅草の観音さまへ行ったんで」

「ほほう、浅草の観音へ？　そういうものが近ごろできたのか？」

「近ごろできたわけじゃァねえ。昔っからあるじゃありませんか」

「そうか。いっこうに知らんが、どのへんだ？」

「あれッ、知らねえのかい？　どのへんだって……先生、浅草橋を知ってってでしょ？」

「浅草橋は知っている」

「あれをさァ、蔵前《くらめえ》通りを真っ直《つ》ぐに行って、突き当たりにあるじゃァねえか、赤《あけ》え大《で》ッけえお堂が、観音さまだ」

「なんだ、じつに呆れたもんだ。『もの書かざるは理《り》に疎《うと》し』とは言い条、蔵前《くらめえ》通りてぇのは、あれは蔵前《くらまえ》通りと言うべきだ。ええ？　赤い大《で》っけえお堂とはなんたることだ、あれは観音ではない」

「そうかい？　だってあっしァあれは、観音だとおもってたんで。金毘羅《こんぴら》さまかい？」

「なにを言っておる。あれはな、金竜山浅草寺《きんりゅうざんせんそうじ》に安置奉る、聖観世音菩薩《しょうかんぜおんぼさつ》というもんだ」

「ぷッ。いやだよおい、犬が風邪ェひいたときみてえに、ふゥん、ふゥん、なんて、それじゃァなんか威勢が悪《わり》いじゃァねえか」

「なんだ、威勢が悪いとは」

「もっと安直《あんちょく》に言えねえのかい？」

「俗で観音と言ってもよろしい」

「じゃまァ、そのほうで負けといとくんねえ。観音さまへ行ったんだ」

「で、人は出ていたか？」

「えぇェ、もう出るの出ねえのッたって、たいへんだよ」

「どっちなんだ？　出たのか、出ないのか？」

「だから、出たの出ねえのって……」

「出たかとおもえば出ないと言うが、出たならばで出た、出ないならば出ないと言いな」

「あ、そうか……じゃァ人が……出ェたァッ」

「それじゃあ化け物だ。出ましたと言えばいい」

「じゃ出ました」

「雑踏をしていたか」

「ええ、なんだか知らねえが、猫も杓子《しゃくし》も出ていやがってねェ、もうてえへんだよ」

「猫も杓子も？……猫は生き物だから出ないとは限らないが、杓子が出るのか？」

「なんだァ、他人《ひと》の揚げ足ばかり取っちゃァいけねえやな。よく言うじゃァねえか、大勢出たことを、猫も杓子も出たって……」

「だから、おまえは愚者だ。それを言うならば、女子《めこ》も赤子《せきし》もと言う」

「なんの事《こッ》てす?」

「女子《めこ》とは女子《おなご》、赤子《せきし》は赤ん坊だ。つまり、女子《おなご》も幼な子も、老若男女《ろうにゃくなんにょ》、とりまぜて、たいそう雑踏しておりました、というふうに言うべきだ」

「へヘッ、じゃ、まァそのとおりでございい」

「大神楽《だいかぐら》の後見だな、おまえは……他人《ひと》に言わしといて、そのとおりでございてえのがあるか」

「しかし、まァ観音さまなんてえのァ、豪儀なもんですねェ」

「なにが?」

「十八間四面だなんてあんな大けえお堂に住《で》んでねェ、家賃は安くねえでしょうねェ?」

「観音さまが家賃を出すか」

「お身の丈《たけ》が一寸八分だってえじゃァねえか。あんな大けえとこに《で》いやがって、うまくやってやがら」

「なんだそれは……やってやがるてえのは」

「あの、門番に仁王っててえのが立ってますねェ。あれァむだなもんだねェ、あんなとこへ邪魔っけだァね、大きなやつがつっ立ってて。でえいち観音さまがあんまり給金やりませんね、い、い、えてものに……」

「い、い、えてものとはなんだ……そんなことがわかるか？」

「だって自分の給金だけじゃァ食えねえから、大きな草鞋《わらじ》をこせえて売ってるじゃァねえか」

「だから愚者というんだ、おまえは。草鞋を売るんじゃァない、あれは、信心する者が納めたんだ」

「あ、そうですか。あんまり買ってる人ァねえとおもったんだ。いってえなんです、ありゃあ」

「魔神だ」

「はァ……まじんてえと？」

「魔の王さまが立っている。つまり、あれから内《うち》ィ入れば、清浄《せいじょう》なる仏の庭だ。ほかの魔が入ってくるといいかんから、魔王が立って、全部の魔を睨《にら》み返すというわけだ」

「あ、なるほど、ふゥーん？　それで、あすこにいるわけなんですね？　あれ、二体《りゃんこ》いるが、一組《つげい》かい、ありゃァ？」

「なんだ一組《つがい》てえのァ？」

「雌雄《めすおす》かい？」

「仁王さまを鳥とまちがいてやがる。なんだ、一組《つがい》とは。いかにも男体《なんたい》に、女体《にょたい》だ」

「なんです、なんたいににょたいてえのァ？」

「男と女だ」

「あァあァ、どっちが女？」

「どっちって、……えへん……つまり、右が女ならば左が男だ」

「へえ」

「左が女なら右が男」

「……だからどっちなんですよ」

「男でないほうが女、女でないほうが男だ、わかったか」

「なんだかちっともわからねえじゃァねえか。へへッ……おまえさんだってよく知らねえんだろう。じゃァ観音さまで、調べようじゃァねえか」

「どこで訊《き》くんだ？」

「仁王の尻《けつ》ゥまくればわからあ」

「なぜそういうばかげたことを言うんだ」

「あァ、話をしてて咽喉《のど》が乾いた、茶でもごちそうおしよ」

「なんだい、茶でもとは。でもなんてえ茶はない」

「そんなけちをつけねえでよォ、出しとくれよォ」

「おまえにいま淹《い》れてやろうとおもった。さ、うまい茶を飲ませる」

「へえへえ、ありがとうござんす……うーん、こりゃうめえや。結構なお煮花《にばな》でござんすねえ」

「なんだい、おにばなとは。いつあたしが鬼の鼻を飲ましたい？」

「だって、ていねいに言うと、これ、お煮花ってんでしょ？」

「葉を入れて、出端《でばな》……つまり出たてをやったんだから、それは出花《でばな》と言うべきだ」

「へーえ、出花かい。あァ出花お出花、天狗の鼻」

「なに？」

「いえェ、こっちの事《こッ》たよ……うっかりなんか言うとすぐ叱言《こごと》を食うんだから……あァ、うめえ、これァなんだねェ、お出花だけでつまらねえが、なんかお茶おけありませんかね」

「おまえさんは丈夫な歯だ、桶をかじるのか？」

「鼠じゃァないよゥ。……甘《あめ》え物《もん》だよ」

「なんだ、甘《あめ》え物《もん》とは。甘味なら甘味と言いなさい。茶の受けに食《しょく》するものだから、それは茶うけと言うべきだ」

「どうだっていいじゃァねえかなァ。なんか食わしとくれ」

「いま、もらい物だが、おまえにごちそうする」

「そうですかい。どうせ買いやァしねえや」

「なにを言ってるんだ。……まァこれをおあがり」

「うまそうな餡《あん》ころですねェ、こりゃあ……」

「おいおい、まァ少し待ちな、餡ころてえのはどういうわけだ？」

「どういうわけッて……こりゃあ、餡ころでしょ？」

「餡の上をころッと転がしただけで、そんなに万遍なく餡がつくか？」

「さァねェ、つかねえでしょうねェ」

「つかないとおもうものをなぜ餡ころと言う」

「そんな理屈ゥ言ったってだめだよ。餅屋へ行けば、どこだって餡ころで売るじゃねえか」

「では、餅屋が餡ころと言えば、おまえがどうしても餡ころと言わなければならぬ義理でもあるか?」

「義理も恩もねえが、餡ころじゃァねえのかい?」

「これは、餡に包《くる》んである餅だから、餡包み餅と言うべきだ。あるいは、衣《ころも》に被《き》せてあるから、餡衣餅と言ってもよい。強《た》って餡ころと言いたいならば、なんべんとなく、ころころころがすから、餡ころころころころころころ餅と言わなければならん」

「へーえ、むずかしいんだねえ。じゃあ、餡ころころころころころころ餅をいただきます。……しかし、なんですねえ、先生なんか、世の中に知らねえって事《こた》ァねえんでしょう?」

「まあ、わしなぞは、天地間にあらゆるもので、わからんことはない」

「大げさだねェ、言うことが。じゃ、なんでも知ってるのかい？」

「知っているのかいてえことがあるか。おまえのような愚者に訊かれてわからんようなことはない」

「へえ。じゃあ教えてもれえてんですが……魚《さかな》にねェ、いろんな名前がありますねえ。あれは、だれが付けたんでしょう？」

「おまえはどうしてそのように愚《ぐ》なることを訊くんだ。どうでもいいだろう、そんなことは」

「どうでもいいったって、気になるんだよ」

「つまらんことを気にするんじゃあない」

「だれが名を付けたんで？」

「うるさいな……名を付けた者は……鰯《いわし》だ」

「いわしって、魚の鰯ですかい？　へーえどうしてあの小《ち》っぽけな魚が名を付けたんで？」

「鰯は、下魚《げうお》といわれているが、しかし、数の多いものでな、それがために、魚《さかな》の中ではあれはなかなか勢力がある」

「じゃ鰯がみんな名を付けたんですか。へーえ、じゃ、鰯ってえ名はだれが付けたんで」

「うーん、その……あれは、ひとりでにできた名前だ」

「どうして?」

「いろいろな魚が、『わたくしどもは、名前を付けていただいたが、さて、あなたはどういう名前がよろしゅうございましょう?』と訊いたんだ。そのときに、『わしのことは、なんとでもいゝわっし』と答えた。そこで、鰯となった」

「へーえ、いゝわっし? それが名になったんで?」

「そうだ」

「鮪《まぐろ》ってのァどういうわけなんで?」

「あれは真っ黒だから、はじめはまっゝくろゝといってたが、それがつまってまゝぐろゝとなった」

「だってェ、鮪の切り身は赤《あけ》えじゃァねえか」

「だからおまえは愚者だ……切り身で泳ぐわけじゃァないよ」

「ああ、なるほど、魴鮄《ほうぼう》ってえのは？」

「魴鮄《ほうぼう》？……あれは落ち着きのない魚で、ほうぼう泳ぎまわって場所が定まらないから、ほうぼう（方々）だ」

「変だねェこりゃあ、鯒《こち》ってのは？」

「……こっちへ泳いでくるから、こちだ」

「だって、向こへ泳ぎゃァむこうになっちゃう」

「そういうときは、おまえが向こうへまわればこちになる」

「くたぶれますねェ」

「あれはくたぶれる魚だ」

「じゃあ、鮃《ひらめ》ってのはどういうわけなんで？」

「平《ひら》ったいとこに目があるから、ひらめ」

「あ、そうか。……じゃ、鰈《かれい》もやっぱり平ったいとこに目があるねェ」

「あれは……平ったいとこに目があって……」

「どういうわけで、かれいってんです？」

「うゥん、あれはなァ……」

「あれはなァ……どうしたんで？」

「うーん……そのゥ、そうそう、鮃の家来だ」

「魚に家来なんてのがあるんですか？」

「あァあ、あるとも。昔っから鯛《たい》、鮃といって、身分のいい魚だ、人間にたとえると、あれは大名、のちの華族《かぞく》だな」

「ふゥん？　その家来なんですか？」

「ああ、家令《かれい》をしているんだな」

「家令？……なんだかおかしいねェ」

「おかしかァないよ、殿様のことを御前《ごぜん》というだろう?」

「ええ」

「御前(ご膳)のことを、英語でライスという」

「ライス?」

「そばに家令(カレー)がついて……ライスカレー」

「なんだ、洋食ですね。鰻《うなぎ》てえのァどういうわけです?」

「おまえは、いきなりいろんなことを聞くなあ。鰻あれは……もと、のろといったんだ」

「のろ?」

「のろのろしているから、のろといったんだ。あるとき鵜《う》という鳥がのろを呑んだ。あんまり大きいのろで、半分は呑んだが、あと呑みくだすわけにもゆかず。鵜が目を白黒して、苦しんでいた。これを見た人が、『あァ、あんな大きなのろを呑みかけて難儀をしている。あれは、鵜が難儀だ。鵜難儀だァ』と言ったな」

「なんだかおかしいなァ」

「おかしいことァない。それが、自然にうなぎになった」

「じゃァ、鰻の焼いたのを蒲焼きッてえますがねェ」

「あれはほんとうはばか焼きという。のろのろしてばかな魚だ。だからばか焼きといったんだが、いかにも名前が悪い、食べ者《て》がないから、そこで、これをひっくり返してかば焼きというようになったな」

「名前をひっくり返すのはおかしいね」

「ひっくり返さないと焦《こ》げる」

「なんだァ……落とし噺だよ。……この、湯飲てえのはどういうわけで？」

「湯を呑む道具だから湯飲だ」

「茶碗てえのは？」

「茶碗……というのは、ここへ置けば動《いご》かない。ちゃわんとしている」

「なァんだ。動《いご》かねえったって、そいじゃァ箪笥《たんす》だって火鉢だって、ちゃわんじャァねえか」

「これがいちばん先へできて茶碗、……でいいんだ」

「いいんですかねェ。土瓶《どびん》てえのは？」

「泥土《どろ》でこしらいた瓶だから土瓶だ」

「ほうゥ、瓶《びん》ですかねェ」

「こういうものは、昔は瓶《かめ》をかたちどった。瓶という文字は、へいと読む。瓶《へい》は、すなわちびんと読む」

「なるほど、……鉄瓶は？」

「どうしておまえはそう頭が働かない。泥土《どろ》でこしらいたものだから土瓶、鉄でこしらいれば鉄瓶ぐらいなことはわかるだろう」

「あ、そうか。じゃ、やかんは？」

「やかん……？」

「ええ、やでできてるわけじゃァねえや。真鍮《しんちゅう》でできたり、銀でできたり、ブリ、ッキでできたり、アルマイトなんてえのがある。みんなやかんてえじゃァねえか、え？　おウッ」

「なんだ、おウとは？」

「どういうわけでッ？」

「大きな声をしなさんな。それは……なんですよつまり、ェエ……いまは、やかんという」

「ふふッ……昔はのろっていったか……？」

「真似をするな。水わかしといった」

「水わかし？　それをいうなら湯わかしでしょう」

「だから、おまえは愚者だ。湯をわかしてどうなる？　水をわかして、はじめて湯になるんじゃあないか」

「ああ、そうか。じゃあ、どういうわけで、その水わかしがやかんになったんです？」

「水わかしがやかんになったについては、ここに一条の物語がある」

「へーえ、どんな物語があるんで？」

「ころは元亀《げんき》、天正《てんしょう》のころというから戦国時代だ。このとき、信州の川中島をはさんで、対陣したのが上杉謙信と武田信玄の軍だ」

「ああ、川中島の戦《いくさ》ってえやつは、あっしも聞いたことがあります」

「ある日、大雨のときがあった。こういう晩には、よもや敵も攻めてくることもあるまい、久方ぶりに、英気を養おうと、上戸《じょうご》は酒、下戸《げこ》はふんだんにものを食べてぐっすり寝たが、油断大敵だ。真夜中にどうっという、鬨《とき》の声、敵から夜討というものをかけられたんだ。すわと、はね起きたが、さァ、寝ぼけているから、周章狼狽《しゅうしょうろうばい》、他人《ひと》の兜《かぶと》をかぶって行く者もあり、一つ鎧《よろい》を二、三人で、引っぱりっこするというえらい騒ぎ。一人の若武者が、がばとはね起きたが、若いに似合わず、落ち着いて身支度をすませ、で、最後に兜をかぶろうとしたら、枕元に置いてあったはずの兜がない」

「どうしたんで？」

「だれかまちがえてかぶってったやつがある。さァ兜がない、困ったなと、かたわらを見ると大きな水わかしが自在鉤《じざい》に掛かって、ぐらぐらぐら、湯がたぎっていたから、これ究竟《くっきょう》の兜なりと、ざんぶとこの湯をあけて、かぶった」

「はァ……なるほど、で、どうしました？」

「これから、馬へ乗って乗り出したが、この若武者が強いんだ。群《むら》がる敵勢の中へ飛びこむと、縦横無尽に荒れまわるその勢いのすさまじさ……」

「そりゃあ勇ましいや」

「この若武者のために、敵方は、斬りたてられて、どうゥッとうしろィ退《さ》がって行く。敵方の大将が、床几《しょうぎ》から立ちあがって、小手をかざして眺めると、緋《ひ》おどしの鎧を着た、夜目《よめ》にもこの水わかしがぎらぎら光った化け物が、馬上において、抜群のはたらきをしている。『あれへ、奇怪なる水わかしの化け物が出《い》でた。射《い》ッてとれッ』という下知《げじ》がくだったから、三十人ばかり、弓を持ってばらばらッと駆け出した。矢距離《やごろ》を測って、満月のごとくに引きしぼり、きって放したる矢があやまたず、水わかしに命中をすると、カーンと音がした。また矢を放つと、ひゅーと飛んできて、水わかしに当たって、カーン、矢が飛んできてはカーン、矢カーン、矢カーン、やかんとなった」

「とうとう、やかんにしちゃったねェ」

「これから一時休戦になって陣へ引きあげる。ほっとひと息ついて水わかしを脱ぐと、いままで真ッ黒にはえていた毛がすっかり抜けた」

「あれッ、どうしたんです？」

「たぎりたった湯をあけて、気が張っていたから、熱いのを我慢してかぶっていた。それがためにすっかり毛が抜けたんだ。禿《は》げた頭のことをやかん頭とはこれからはじまった」

「また、おかしくなった……ですが、あんなものをかぶったら、戦《いくさ》をするのに邪魔ンなりませんか？」

「いや、そんなことはなかった」

「そうですかねえ……蓋《ふた》なんぞどうしました」

「あれは、ぼっちをくわえて面の代わりにした」

「じゃあ、つるのとこは？」

「つるは顎《あご》ィ掛けるから忍び緒の代わりになって、水わかしの兜が落ちない」

「そりゃ、気がつかなかった。でも注口《くち》が邪魔でしょう？」

「いいや、昔の戦は、みんな名乗りをあげる。そのときに聞こえないといかんから、聞く耳の役をした」

「おっと、そりゃおかしいや。耳なら真っ直ぐとか上へ向いてなきゃァ。あれ、かぶると下ァ向くね」

「下を向いてていい」

「どうして？」

「どうして……だから、おまえは愚者だ。その日は、朝から大雨だ。注口《くち》が上を向いていたら、雨が流れこんできて耳垂《みみだ》れになるぞ」

「強情だね、先生も……耳なら両方にありそうなもんじゃァありませんか。片っぽうねえのはどういうわけです？」

「いやァ、ないほうは、枕をつけて寝るほうだ」

立川談志の「やかん」

「先生今日《こんち》はァ、居ますネ」
「居るよ、何だい、何か用か、九日《ここのか》、十日《とおか》……」
「くだらないネ、退屈してるんですネ」
「退屈だよ、俺ぐらいになると物事全《すべ》て識《し》り尽くしているから、世の出来事なんざァすべからく退屈だな」
「じゃあ、ちょいとお邪魔《じゃま》ァしてようがすネ」
「いいともサ、さァお上がり」
「ヘイ、どうも、で、先生は大変な物識《ものし》りだそうですネ……」
「そうとも、〝物識り〟なんという言葉では言い表せないくらいの物識りだ、とにかく、この世の中で〝識らない〟という物を知らないな」

「よく判《わか》らない、〝知らない〟んですか？」

「〝識らない物を知らない〟、森羅万象《しんらばんしょう》、神社仏閣……」

「神社仏閣？　……」

「そう、神社仏閣、東奔西走《とうほんせいそう》、公衆電話」

「はあ？　……」

「一日千秋《いちじつせんしゅう》、一瀉千里《いっしゃせんり》、一路真輝《いちろまき》」

「何です、そりゃァ」

「〝ボキャブラリィが豊富だ〟ということだ。で何だい」

「実は聞きたいことがありましてネ」

「偉いな、何でも判らない事は聞かなきゃ不可《いけ》ない、〝聞くは一刻《いっとき》の恥、聞かぬは松茸《まつたけ》の恥〟といってな」

「〝末代の恥〟ってンでしょ」

「判ってるよ、マトモに言ったんじゃァ面白くないからそう言ったんだ。これがギャグだ」

「面白くないですよ」

「だからギャグの失敗だ。で何が聞きたい」

「先生はこの世の中で一番大きな動物を知ってますか」

「知ってるよ。象だ。どうだ」

「象より大きい動物がいますよ」

「大きな象だ」

「……？　え？」

「大きな象だよ。象より大きい動物は大きな象。それより大きいのは、もっと大きな象だ。一つ、二つ、三つ、あとは沢山《たくさん》々々……。あれと同じ、『やかん』と同じ、それでいい」

「違うんですよ先生、鯨《くじら》が一番大きな動物ですよ」

「馬鹿ァ言うな。鯨は動物じゃァない。ありゃ魚だ」

「いえ、鯨は哺乳類《ほにゅうるい》だから……」

「何だ、その〝哺乳類〟てのは」

「つまり」

「何が〝つまり〟だ。つまり何だ」

「犬とかネ、牛とか、象とかと同じで、哺乳類……」

「〝犬と牛と象が一緒だ〟ってのは判るよ。鯨は違うじゃねえか、海ン中泳いでるだろに、えェ？　金魚のランチュウの大きい奴だろう。鯨を牛や馬と一緒にする莫迦《ばか》があるか」

「はあ？　……すると鯨は魚なんで……」

「当たり前だ字を見ろ、魚偏《うおへん》だろう。それに鯨は漁業で扱ってらァ。畜産課で扱ってるか？」

「……成程《なるほど》……」

「何が〝成程〟だ」

「先生は学問があるんですネ」

「そう」

「〝学問〟て何ですか」

「〝貧乏人の暇潰《ひまつぶ》し〟だ」

「努力じゃないんですネ」

「当たり前だ。〝努力〟なんてなァ、バカに恵《あた》えた夢だ」

「あっしなんざァ、よく〝雑な奴だ〟とか〝下品だ〟なんて言われますがネ、上品な人ってなァどんな人なんですか」

「〝欲望に対する態度がスローモー〟なだけだ」

「がんもどきの裏表《うらおもて》はどうなんですか」

「お前の頭ン中は、いったいどうなってんだ」

「いえ、がんもどきの裏表、判りませんか」

「判らないはずがないだろ。つまり裏でないほうが表、表でないほうが裏だ」

「嘘《う》っそォー！」

「何て声出すんだ」

「本当ですかァ……」

「本当にも何も表があるから裏がある。物事に〝表だけ〟ってものがあるか。裏だってその通りだ」

「でも羽織の裏地の裏表ってのはどうなんですかネェ」

「同じだよ。表と決めた側《とこ》が表で裏が裏だ」

「よく判んない。あのネェ……そのォ」

「お前ネ、お前は〝がんもどきの裏表は〟って聞いたんだよ。だから裏でないほうが表で、表でないほうが……」

「判りましたよ。そんな大きな声出さなくても」

「出したかァないが、お前が物判《ものわか》りが悪いからつい……」

「済いません、じゃあ、炭団《たどん》の上下《うえした》は……」

「転がして止まった処《とこ》で上ンなった部分《とこ》が上で、下になった部分《とこ》が下だ」

「そうかなァ……」

「また始まったな、そうだろう、他《ほか》にあるか」

「先刻《さっき》雨が降りましたよネ」

「ウン」

「あれ、何で降るんです？　雨ってなァ……」

「あれはな、雲があんだろ、フワ〳〵して浮いてるのが……」

「へえ、あります」

「雲にな、雨の神様みたいなのが〝シャーッ〟てンで水を掛ける。すると雲が〝ボワーン〟と膨らむな、そこへ風の神が風を〝ブワーン〟てンで風を吹きつける。そうすると雨が〝ザァーッ〟とな……」

「聞いてると、先生の話はほとんど感嘆詞ですネ。〝ボワーン〟の、〝ブワーン〟の、

〝ザァーッ〟の、……」

「いいじゃねえか、感嘆詞だけで物事《もの》が説明《わか》できりゃ、こんな楽なことはないだろう。いち〳〵言葉で説明なんぞしなくてすむ。お前だって女とヤッてる時に、いち〳〵説明するか。〝この性感は脊椎《せきつい》から脳髄《のうずい》に伝わって〟なんて言うか、〝アッハァーン、いィいい……〟ってなもんだろが……」

「こら驚いた。で、先生、その雨が何で降ったか、というその証拠はありますか」

「現に先刻《さっき》降ったじゃねえか……」

「成程ォ、で〝雷は電気〟なんですってネ」

「また、そういう間違ったことを言う……」

「アラッ、雷は電気じゃないんですか」

「電気じゃないよ。雷はランプの頃からあったろうに……。ロウソクの頃からあったろう。電気なんてものよりずっと以前《さき》からあったろう」

「地震は何で起きるんですか」

「オイ、子供でも識《し》ってるぞ。地面の中に住《い》る大きな鯰《なまず》が暴れるからって昔からそう言ってるだろ」

「それでいいんですか」

「〝それでいい？〟って、それだとどこが都合が悪いんだ」

「地球は丸いんですネ」

「また、そう言う。よく、そういう奇想天外というか、バカ〳〵しいことを言うネ、丸い訳がないだろう、地べたは真《ま》っ直《す》ぐだろうに。山や谷はあっても、上《のぼ》りや下《くだ》りはあっても真っ直ぐだろうに……見て判りそうなもんだろに……何でそういう妙なことを言うんだ」

「でも丸いから元に帰ってくる……」

「丸くなくても、真っ直ぐでも帰ってくるよ。〝お使い〟に行ったってちゃんと帰ってくるだろう。第一地球が丸かったら下のほうの奴ァ落っこっちゃう……」

「だから引力があって……」

「何だ、その〝引力〟ってのは、ここへ持ってこい。一貫目でも二貫目でも買ってやるから」

「いえ、そのォ」

「何が〝そのォ〟だ」

「あの、サァ、つまり、人間が立ってられるのも引力があるからで……」

「お前な、しっかりしろよ。人間は引力で立ってるんじゃァないよ。自分の意思で立ってるんだよ。誰が引力なんて言やがったのか。だいたいニュートン、デカルトあたりから間違ってきたんだ」

「間違ってますか」

「間違ってるよ」

「でも、地球は丸くて太陽の周《まわ》りを廻《まわ》っているんでしょ」

「バカが固まったな。オイ、しっかりしろよ、地球ってなァ広いんだぞ。大きいんだよ。広大無辺なんだぞ。横浜から別府のほうまで地球だぞ。お天道様《てんと》なんぞと競《くら》べる奴があるか。太陽《むこう》が地球の周りを廻ってるんだ」

「本当ですか」

「本当にも何《なん》にも、〃日が昇《のぼ》る〃〃日が沈む〃ってのは天道《あっち》が動いてる証拠だろ。第一お前、天道なんてどのくらいの大きさだと思ってるんだ」

「……まァ……このくらい……」

「そうだよ、朝日と夕陽の時にちょいと大きくなるだけで、あとは、ここに在《あ》るお盆ぐらいのもんだ。そんなものと地球と一緒にする奴があるか。それに太陽《てんとう》ってのは間抜けなヤツだ。ピカ〳〵光ってて眩《まぶ》しいやい。昼間ァ明るいんだから不要《いら》ないんだ。夜出てこい。肝心な時に出てこねえ、間抜けなヤツだ、ありゃァ……」

「でもォ……」

「何が〃でもォ〃だ」

「ホラ先生、地球儀ってのがあるでしょう」

「あるよ、知ってるよ」

「あれで見ると地球は丸いでしょう」

「お前ネ、まさか文房具屋で売ってる品物《もの》なんぞ信用してるんじゃないだろうな……」

「……はァ……ねェ」

「何が〝ねェ〟だ。で、何だ」

「するとお天道様は……」

「東から出るだろ、で……」

「〝西に沈む〟と……」

「そう」

「西の何処《どこ》に沈むんです？」

「海だよ、西の海。西ノ海嘉治郎《にしのうみかじろう》という相撲取りがいたろ、三代とも横綱になってるよ」

「山に沈む時もありますよ」

「力の無い太陽《やつ》は、時々海まで行かないうちに山ン中に落っこちるのもいるが、ま、たいがいは海だ。海辺へ行って太陽《あれ》が沈む時耳ィ澄《す》まして聞いてると〝ジュッ〟って音がするよ」

「しますか」

「するよ。何度も聞いてるよ、俺は……」

「で、また次の日の朝、出てきますよ」

「新しいのが出てくるんだ」

「〝新しい〟のが、ですか?」

「そうさァ、海に沈んだら、太陽は〝ジュッ〟と消し炭みたいに……。お前太陽の燃えカスを見たことがないのか」

「ありません」

「だから妙なことを言い出すんだ、妙な奴らの言うことを信用するんだ。いいか、燃えてる太陽《もの》が海だぞ、水ン中に落ちりゃ、黒くなって消えちまう。それが次の日になると燃えて出てくるんだから、〝新しいのが出てきた〟と考えるのが、ごく正常、普通の人の考えだろうに……」

「で、また次の日も、出てきますけど」

「解《わか》らねえ奴だなァ、その次の日は早い話、三番目のが出てくるんだよ。順に順に出番を待ってるんだ」

「どういう風になってるんですかネ」

「まァ、早い話、あの卵な、鶏の。トリ屋に行くと、出てくる時があるだろう。卵が大きいのから段々小さくなってるのと一緒になって……」

「ああ、あれネ。ああいう風になってるのかァ。でも先生、それ見たんですか」

「見やしないよ。でも、それに間違《ちが》いない、そういう風に考えると理解《わか》るだろうに……」

「で、〝お天道様は海に沈む〟……と」

「そう」

「海は何で広いんです？」

「狭いと池と間違えるから」

「池は何で〝イケ〟と称《い》うんです？」

「近所に池田さんとか、小池さんとか、池内さんとかが住《い》たからだ」

「沼は？」

「沼田さんとか、小沼さん、沼沢さんとかが住《い》たからだよ」

「沼と湖《みずうみ》とどう違うんです？」

「〝気持ちのいい〟のが湖で、〝気持ちの悪い〟のが沼」

「海の水は何で塩《しょ》っぱいんです？」

「〝鮭《シャケ》がいるから〟ってのが判らないのか」

「何で鮭って称《い》うんです？」

「鮭《あれ》は北のほうの水に住んでるだろ。水ン中に手ェ入れると冷たい。で〝冷《しゃ》っけえ〟、シャケってンだ」

「ニシンは」

「あれはちょっと北でも西のほうに泳《い》る。で〝西ン〟だ」

「ホッケは……」

「ホッケェ？　……つまり、そのだな、ホッケは〝ホッケードウ〟に泳《い》るからだろうに……」

「こっちのほうには下《お》りてこないんですか」

「ま、たまにゃ来るな、太鼓叩《たいこたた》いて多勢《おおぜい》で、〝ホッケの太鼓〟だ」

「鯒《こち》は？」

「こっちに泳《い》るからコチ」

「遠《む》こうに泳《い》るのは？」

「遠こうに泳《い》るのは関係ない。こっちに泳《き》た時だけでいい。遠い処《とこ》まで知る必要なんてないよ」

「はァ？　……じゃあブリは」

「ブリ〳〵してるからブリ」

「鯖《さば》は、サバ〳〵してるからサバだ」

「段々理解《わか》ってきたな。じゃあ鯛《たい》は？」

「隊をなして泳いでるのでタイ」

「そう」

「先に泳《い》くのがタイ長」

「後から泳《く》るのが兵タイ」

「一緒に泳《こ》ないで勝手に泳《い》るのは？」

「グレン鯛」

「面白《おもしれ》えや、じゃあ秋刀魚《さんま》は？」

「誰が見たってありゃ秋刀魚じゃないか。秋刀魚《あれ》が鯛みたいなら〝タイ〟と称《い》ったんだ。誰が見たって秋刀魚だろ、あれは。あれを〝サンマでない〟と言う奴がいたら連れてきな、じっくり意見をしてやるから。〝あれは秋刀魚だ〟って教えてやる」

「別にそういう人もいませんから大丈夫ですがネ。じゃあ誰が〝サンマ〟って名を付けたんです？」

「そりゃ秋刀魚が付けた、秋刀魚の父親《おやじ》だ」

「秋刀魚の親父《おやじ》？」

「いや、だから、おじいさん、……つまり、ずっと昔だ。先祖の秋刀魚がサンマと付けた」

「じゃあサンマの前は何てってたんでしょうネェ」

「そういう古いことはどうでもいい。誰かが付けたか自分で付けたか、もう古い話で秋刀魚自身もおそらく記憶《おぼ》えてないと思うよ」

「鰻《うなぎ》は？」

「喧《うるさ》いよ、一つ〳〵魚の名を聞いていたら何日あっても終わらないだろ。いい加減にしろ、このバカヤロウ……」

「ちょいと待ってくださいよ。あなたは落語に出てくる先生でしょう」

「そうずら……」

「〝そうずら〟……甲府のほうですか、生まれが……」

「喧《うるせ》えよ」

「それだよ。落語に出てくる先生はもっと品がいいはずですよ。本当に落語の『やかん』の先生ですか」

「〝先生ですか〟ったって現にお前の目の前に存在してるだろ。事実を否定するのか、お前は……」

「……？　……はあ……ねェ……？　……」

「また始まったな、で何だ」

「じゃあ鰻《うなぎ》。これが最後のクエッション。何であれをウナギと称《い》うんです……」

「あれな、ウナギ、鰻……今村昌平《いまむらしょうへい》ン処《とこ》へ行くと判るよ」

「いえ、鰻、何で……ウがナギしたんですか……そんなのはないですよネ」

「ウーン。つまりだ、ウ・ナ・ギ……ウ、だ、〝ウッ〟マンボ」

「何です〝マンボ〟ってのは」

「流行《はや》ったんだよ。マンボNo.5、ペレス・プラード、マンボバカーン、シルバーナ・マンガーノ、〽パパ・ラブス、マンボ」

「何です、そりゃ」

「ペリー・コモを知らなきゃ駄目だい」

「で……鰻……」

「だから、ウッ、ウ、ウ、鵜《う》だ。鵜という鳥がいるだろ。羽《はね》ェこんな具合に広げたり、岩の上にいたり、な、鵜だよ」

「知ってますよ、魚を鵜呑《うの》みにする鳥《ヤツ》でしょ」

「そう、それだ。その、鵜がな、この鰻……いや、その頃はまだウナギと称《い》わなかった」

「何てったんです？」

「ノロとかナガとかヌルとか称《い》われた」

「ハァ……」

「で、この鵜がな、いまお前の言った通り、こいつを呑《の》み込もうとするんだが、相手だって呑み込まれるのは嫌だから、抵抗する。長い身体《からだ》ァ鵜の首に巻きつけて締《し》める、鵜が苦しがってる。これを見た人が、ホラご覧、鵜がノロに締《や》られて苦しがってる、難儀をしている、鵜が難儀、ウがナンギ……ウナンギで、ウナギとなった。これでいいか」

「充分でアリマス」

「何が〝アリマス〟だ」

「で、先生、焼くと何で〝蒲焼《かばや》き〟って称《い》うんです」

「それはな、鵜に呑まれるようなバカな魚だから、あれは〝バカ焼き〟と称った。

◇◇◇◇◇◇◇◇◇◇◇◇◇◇◇◇◇◇◇◇◇◇

それがいつか引っくり返って〝カバ焼き〟となった」

「なら別に〝バカ焼き〟でいいのに、何で〝カバ焼き〟なんて、引っくり返すんです？」

「引っくり返さないと、よく焼けないよ」

◆談志の「やかん」解題

立川談志のオリジナリティ溢れる落語の演目は、じつは、いくらでもある。その中から一演目選び出すのは至難の業なのだが、読むことに徹して面白い落語として「やかん」を選んだ。談志師匠も、晩年、好んで高座にかけた演目である。没後、自選の一席としてCDにも収められているので、できれば併せてそれもお聴き願えれば、「根問《ねど》い」ものの登場人物ふたりの掛け合いの妙味が存分に楽しめるはずである。

談志のオリジナリティがどれほどすごいものであるかを実証するために、別の「やかん」を用意した。志ん朝と談志の「文七元結」の章でも取り上げておわかりのとおり、落語は師匠から弟子、先輩から後輩へと口伝で受け継がれてきた。昔、落語好きは寄席へ行くしか落語が聴けなかったが、ただし、録音がなかったころでも、寄席へ出かけなくとも、速記本といって落語家の一言一句を書きとめた一席を読んで楽しんだ。

今でも、そうした落語全集はたくさん出版されている。今回、ここで取り上げたのは麻生芳伸編『落語百選』（ちくま文庫）である。春、夏、秋、冬の四部作で「やかん」は「秋」に収められている。「やかん」を落語百選に選んだ著者は慧眼《けいがん》の持ち主である。その著者が「春」の「まえがき」に次のように記している。

「ほんらい、話芸である『落語』は噺家の芸の媒体によって演じられ、伝えられるという性格を持っている。事実、今日まで『落語』は噺家によってつくられ、つくり変えられ、その時代時代の風潮、また噺家自身の個性によって練達され淘汰され、融通無碍な演出によって、命脈を保ってきた。また将来もそのように伝えられていくだろう。『落語』と『噺家』は表裏一体、切り離すことのできない関係にある。

しかし、高座の噺家の身ぶり、手ぶりの面白さ、可笑しさだけにとらわれて、今日、『落語』の奥行である人間の生態を噛みしめることが希薄になりつつあるようだ。そこで、『落語』の素型を損なうことなく、噺家の芸を通さずに、『落語』のなかに溜めこまれた人間の想い、実感を写し取ろうと試みた」

なんと著者の落語への愛と落語家への敬意に満ちた文章ではなかろうか。

したがって、「落語百選」の「やかん」は特定された落語家の高座の記録ではない。しかし、「やかん」の原型が存分に楽しめる内容になっている。それを現代落語、談志落語にまで変えてしまった魅力が、談志の「やかん」にはある。知ったかぶりをするご隠居がこれほどまでに直観的で理知的な正論を吐くのは、談志の独壇場ではないかしらん。

（編集部註：第五章の「落語『やかん』」は、麻生芳伸編・ちくま文庫『落語百選　秋』を、「立川談志の『やかん』」は、立川談志著・静山社文庫『談志の落語一』を底本としました）

わたしが聴いて選んだ
〈談志十八席〉

「源平盛衰記《げんぺいせいすいき》」
「黄金餅《こがねもち》」
「五貫裁《ごかんさば》き」
「小猿七之助《こざるしちのすけ》」
「権助提灯《ごんすけぢょうちん》」
「品川心中《しながわしんじゅう》」
「芝浜《しばはま》」
「粗忽長屋《そこつながや》」
「大工調《だいくしら》べ」
「代書屋《だいしょや》」
「短命《たんめい》」
「天災《てんさい》」
「富久《とみきゅう》」
「二人旅《ににんたび》」
「文七元結《ぶんしちもっとい》」
「木乃伊取《みいらと》り」
「やかん」
「らくだ」

文庫版のためのあとがき

本書の第四章「天才落語家とその素顔に魅せられて」の元木昌彦さんとの対談の中に出てくるビクターから出た幻の「ドキュメント立川談志」がつい最近、CD化され、再び日の目を見た。ディスク1「談志の世界」には、寄席の高座の漫談「今年（一九七八年）の十大ニュース」から選挙応援まで、ディスク2には「野ざらし」の稽古風景や落語「居残り佐平次」が収録されている。

私は小沢昭一さんの監修・構成のもと、取材のほとんどに立ち会っていたので、CDの復刻盤のライナーノートに『ドキュメント立川談志』復刻に寄せて」という一文を寄せた。それをここに再録されることを許されたい。

＊

今でも、世の中で大事件が起こると、談志師匠だったら、どんな批評を下して、高座で世相を斬って見せるかと、ついつい考えてしまう。師匠が元気で寄席に出ていた頃は、世の中で何か起こるたびに、今日はどこの寄席に出ているだろうかと、まず一番に考え、池袋演芸場のトリを務めていると知れば、その晩駆けつけたものである。

数年前、ロシアに隕石が落ちたとき、それを目撃した村人が、「まるで太陽が落ちてくるようだった」と言った談話が新聞に載っていたが、これを読んだ時、談志の「やかん」をすぐさま思い出した。知ったかぶりのご隠居が八五郎に向かって「太陽が地球の周りを回っているのだ」と力説し、その太陽は毎日、東の海から昇っては西の海にじゅっと音を立てて沈み、次の日はまた新しい太陽が昇ってくるのだとうそぶく。ロシアの村人の目撃談を聞いたら、このご隠居は「ほら、ごらんよ、嘘じゃないだろ」と胸を張ったに違いない。

その一方で、談志師匠の高座での口癖は「新聞で信用できるのは、日付ぐれえだ」で、人間が書くのだから、いつも真実が記されていると思ってはいけない。右からも左からもさらに斜めや裏からも事実をよく見つめなくてはいけないと言っていた。ひとつの事件から、一瞬にして核心を掴んでしまうところが、談志が天才たるゆえんだった。

高座の「まくら」で世相を斬った後、ゆっくりと本題の噺に入ってゆくのだが、これも定型とか完成品、決定版というのがなかった。晩年の「芝浜」は神品のように言われているが、聴くたびにおかみさんの心中の様子が違っていたし、「文七元結」では長兵衛親方が吾妻橋で身投げをしようとした文七を引き止め、死ぬんじゃないと説得する時間がその都度違っていた。つまり、その日の高座でしか聴くことのできない噺が談志の落語だった。

落語は「噺」とか「咄」とも呼ばれてきたが、談志師匠の高座はまさしく「いま、はじめて思いついたようにしゃべる」「口から出まかせ」に見せる至芸だったとも言えようか。

立川談志は落語の本質がドキュメントであることを教えてくれた数少ない落語家のひとりであった。

じつは「ドキュメント立川談志」は小沢昭一さんが立案し、私がアシスタントを務めさせていただいた。落語ばかりか高座以外の音源が残されたというのは、小沢さんの慧眼があったからこそだが、ほとんどの現場に居合わせた私は、今更ながら落語家立川談志のスケールの大きさに驚き、同時代に立川談志の現場に立ち会えた幸運を噛みしめている。

＊

いま私は日本橋・三井ホールで年四回開いている「COREDO落語会」と神楽坂・

赤城神社での「あかぎ寄席プレミアム・はじめての落語」という二つの落語会をプロデュースしている。「COREDO落語会」は柳家権太楼、柳家花緑、柳家喬太郎、桃月庵白酒、春風亭一之輔、それに春風亭小朝の各師匠を年間のレギュラー出演者として高座に迎え、かつての「東横落語会」のように高座で鎬を削る、鍔迫り合いを演じる落語会を期待している。

昭和の五十年代、私が江國滋さんと共に企画委員を務めていた「東横落語会」は三遊亭圓生、柳家小さん、金原亭馬生が毎月のレギュラー出演者で、それこそ毎回火花の散るような高座の連続だった。それが魅力でこのホール落語の高座を逃すまいと毎回欠かさず渋谷の東横ホールに来てくださった落語ファンも少なくなかったはずである。その「東横落語会」の常連の落語ファンの後継者を「COREDO落語会」で作りたいと念じている。

一方、神楽坂・赤城神社の「はじめての落語」は、毎回私のお気に入りの落語家ひとりをお招きし、はじめに「落語のキホン」についてお尋ねし、中入り後たっぷりと一席高座を務めていただくという趣向なのだが、このお話がどなたも軽妙にして洒脱でとても興味深い。「なぜ、落語家は、座布団のうえに着物を着て、扇子と手拭のみで、老若男女、森羅万象を描くのでしょうか？」という私の問いに、いままで一つとして同じような答えがない。

その晩、生まれて初めてライブの落語を聴くという初心者にも、何十年も落語を楽しんできた愛好者にも、「面白くてためになる」落語会ということで好評を博している。

いっとき、落語評論家から料理評論家へ仕事のほとんどが移ってしまい、いままた久しぶりに落語の世界に戻ってきて、わらじを二足履きながら、落語界の裏方のお手伝いをさせていただいている。その際、約半世紀前から落語を聴いてきたという経験がどれほど助けになっているることだろうか。

古今亭志ん生、桂文楽、三遊亭圓生、林家正蔵（のちの彦六）、柳家小さん、金原亭馬生、古今亭志ん朝、立川談志の昭和の落語史を彩る天才、名人の高座に接することができたというのは、なににも代えがたい財産で、これなくして現在の落語会のプロデューサーは務まらない。

そして、いま思えば、落語界への恩返しともいえるこの仕事は、談志師匠からの私への遺言のように思えて仕方がない。落語界を外から見る者として「俺がいなくなった後の、落語界を頼むよ」と言われているような気がしてならない。

それにしても、立川談志がなくなって五年。益々、その存在感の大きかったことを考える昨今である。こんな天衣無縫で無頼で融通無碍な落語家は二度と出てはこないだろう。いま改めて、立川談志と同時代に生きていたことを幸せに思わずにはいられない。

山本益博

山本益博　（やまもと・ますひろ）
1948年4月11日生まれ。東京都出身。早稲田大学第二文学部演劇学科卒。落語評論家、料理評論家。国立劇場小劇場の第五次落語研究会で桂文楽（八代目）の落語を体験。大学の卒業論文はそのまま『桂文楽の世界』として商業出版される。この論文は現在でも桂文楽研究の最高峰。2013年には『名人芸の黄金時代–桂文楽の世界』と改題されて、中公文庫より出版される。KTVの演芸番組「花王名人劇場」ではプロデューサーを務めていた。テレビ朝日「ザ・テレビ演芸」の「飛び出せ！ 笑いのニュースター」コーナーでは審査員としてダウンタウンらを審査。演芸、料理に関する著書多数。

――本書のプロフィール――

本書は二〇一二年十一月にプレジデント社より単行本として刊行された同名作品を文庫化したものです。

小学館文庫プレジデントセレクト

立川談志《たてかわだんし》を聴《き》け

著者　山本益博《やまもとますひろ》

企画・編集　藤代勇人

協力　元木昌彦　西垣成雄　宮崎守正

写真（章扉）　横井洋司

二〇一七年五月十四日　初版第一刷発行

発行人　菅原朝也

発行所　株式会社 小学館

〒一〇一-八〇〇一
東京都千代田区一ツ橋二-三-一
電話　編集（プレジデント社）
販売〇三-五二八一-三五五五
〇三-三二三七-三七三二

印刷所———凸版印刷株式会社

ISBN978-4-09-470017-6